最新版

子どもにおこづかいをあげよう！

西村隆男 監修
藍ひろ子 著
マンガ 春原弥生

主婦の友社

第《だい》1章《しょう》

子《こ》ども向《む》け

「おこづかいプログラム」でおこづかいをもらうってどんなこと？

金《きん》ちゃんの 子《こ》ども向《む》けおこづかいマンガ

ぼくのおこづかい

第2章

子どものマネー教育とおこづかい 53

第3章

第4章

おこづかいのあげ方❶

ひつようなもの
ほしいもの
みじかいあいだのちょきん
ながいあいだのちょきん

〝家の仕事〟、どう選べばうまくいく？　128

第6章

中学生、高校生、大学生のおこづかい　129

おまけ

装丁・本文レイアウト／今井悦子（MET）
装画・マンガ・イラスト／春原弥生
編集／岩瀬浩子
DTP／天満咲江（主婦の友社）
編集担当／三橋亜矢子（主婦の友社）

第《だい》1章《しょう》

子《こ》ども向《む》け

「おこづかいプログラム」で おこづかいをもらうって どんなこと?

子《こ》ども向《む》けおこづかいマンガ
金《きん》ちゃんの
ぼくのおこづかい
0 お金《かね》のなる木《き》がほしい……
4
ゴクリ
もうじき15日《にち》……
毎月《まいつき》15日《にち》は
ぼくの大好《だいす》きなマンガ
『月刊《げっかん》マンガジン』の
発売日《はつばいび》なんだ
月刊 マンガジン 5月号《がつごう》
あと少しでつづきがよめる～
でも……
今月《こんげつ》は
どうやって
買《か》ってもらおう
いつもママに頼《たの》むけど……
ママ マンガ買《か》って
マンガジン

ダメ
プイ
うっ
だから発売《はつばい》数日前《すうじつまえ》から
お手伝《てつだ》いしたり
ママの機嫌《きげん》をとったり
ママ美人《びじん》!
正直《しょうじき》とても大変《たいへん》
それでもなかなか
買《か》ってもらえなかったりして
あの手《て》この手《て》…
テストでいい点《てん》
かたもみ
皿《さら》あらい
ごますり
ほしいものを
買《か》ってもらうのは
なかなかむずかしいんだ

ほかにも
お菓子《かし》買《か》って！
ダメ！
おもちゃ買《か》って！
ダメ
頼《たの》んでもダメって言《い》われることが多《おお》いんだ
たまには買《か》ってもらえるけど
ぼくは主《おも》にママの機嫌《きげん》次第《しだい》だと思《おも》っているよ
ママのきげん
だからよけいに大変《たいへん》なんだ
ほしいものがあるたびに「買《か》って」「お金《かね》ちょうだい」あと顔色《かおいろ》をうかがったりけっこうしんどいしめんどくさいよ
どうしたらパパやママに頼《たの》まなくてもほしいものを手《て》に入《い》れられるんだろう……
ぽすん

本《ほん》やお菓子《かし》を買《か》うにはお金《かね》がいる
マンガ
お金《かね》
チョコ
GET!《ゲット》
お金《かね》は? 大人《おとな》が働《はたら》いて手《て》に入《い》れている
はたらく
お金《かね》
会社《かいしゃ》
でもぼくはまだ働《はたら》けない
まだ子どもだもん
NO《ノー》
お金《かね》のなる木《き》があればいいよね〜
マンガ買《か》おう
100
50
500
100
10
10
とうっ
ないよね―
それならいい方法《ほうほう》があるわ!!

おこづかいを もらえば いいのよ
おこづかいなら もらってるよ?
お年玉《としだま》とか パパの洗車《せんしゃ》を 手伝《てつだ》ったとき とかママの 手伝《てつだ》いとか……
君《きみ》だれ?
お金《かね》の精《せい》の マニちゃんよ
ほかには? ちゃんと もらえてる?
実《じつ》は
1年生《ねんせい》になったとき 毎月《まいつき》10日《とおか》に おこづかいを くれるって言《い》ってたん だけど——
17時《じ》には帰《かえ》るって 約束《やくそく》したでしょ? そんな悪《わる》い子《こ》には もうおこづかい あげません
それから おこづかいをもらうのも ひと苦労《くろう》なんだ

大丈夫《だいじょうぶ》!!
このおこづかいプログラムでやってみて
これは
親子《おやこ》の真剣《しんけん》な約束《やくそく》なの
だからもめ事《ごと》も起《お》こらないし親《おや》に頼《たの》まなくても毎週《まいしゅう》お金《かね》をもらうことができるのよ
へえ!!
どうやればうまくおこづかいをもらえるか教《おし》えるわね

「1 カイギ」
おこづかい「会議《かいぎ》」を開《ひら》こう
まず、パパとママと3人《にん》でおこづかいカイギを開《ひら》くのよ
これからぼくのおこづかいカイギを始《はじ》めます
では今《いま》、金《きん》ちゃんが1週間《しゅうかん》どんなことにお金《かね》を使《つか》っているか確認《かくにん》しよう
はい
おこづかいヨサンワークシート
↓一週間《いっしゅうかん》
「ほしいもの」のためのお金《かね》
1
2
3
4
5
6
円《えん》
「ひつようなもの」のためのお金《かね》
1
2
まだおこづかいをもらっていない人《ひと》
パパやママに聞《き》いて出《だ》してもらっているお金《かね》を書《か》き出《だ》そう
金《きん》ちゃんはこっちね！
おこづかいをもらっている人《ひと》
今何《いまなに》に使《つか》っているか書《か》き出《だ》してみよう
おこづかい以外《いがい》で出《だ》してもらっているお金《かね》も書《か》き出《だ》そう

そしてそのお金《かね》は何《なん》のために使《つか》っているかも考《かんが》えて分《わ》けてごらん
何《なん》のため？
お金《かね》を使《つか》う目的《もくてき》だよ
金《きん》ちゃんはきのうノートを買《か》ったでしょ それは何《なに》に使《つか》うの？
学校《がっこう》の勉強《べんきょう》で使《つか》うんだ
そう、それは勉強《べんきょう》のためのお金《かね》つまり〝「ひつようなもの」のためのお金《かね》〟ね
ほかにも
「ひつようなもの」のためのお金
・ノート
・えんぴつ
・けしゴム
など
マンガもぼくにはひつようなんだけど勉強《べんきょう》のためじゃないよね～？
そうだね そういう楽《たの》しみのためのお金《かね》は〝「ほしいもの」のためのお金《かね》〟に分《わ》けていこう
ほかにも
「ほしいもの」のためのお金
・ジュース
・お菓子
・おもちゃ
など

分類《ぶんるい》して書《か》き出《だ》せたら全部《ぜんぶ》足《た》してみよう
70
120
+140
これがぼくが1週間《しゅうかん》に使《つか》っているお金《かね》なんだね
へー!!
ぼく新《あたら》しいゲームもおこづかいで買《か》うようにしたいんだけど
どうしたらいいんだろう
でもそんなに高《たか》い金額《きんがく》をまとめてあげられないから
これから貯金《ちょきん》を始《はじ》めたらいいんじゃないかな
貯《ちょ》金《きん》
……うん
やってみる!!
じゃあここに“貯金《ちょきん》のためのお金《かね》”も足《た》して……と!!
よし!!
これが1週間《しゅうかん》のおこづかい金額案《きんがくあん》になるのよ!
さあ次《つぎ》は……

2 「コウショウ」
親子《おやこ》で交渉《こうしょう》をしよう
このおこづかい金額案《きんがくあん》をもとにパパとママとコウショウするわよ
おー!!
ドキドキ
金《きん》ちゃんスイミングのあとのジュースは必要《ひつよう》なのかしら?
えっ
スイミングのあとのジュース 120円《えん》
えっと……スイミングも楽《たの》しいけど
帰《かえ》りにみんなでジュースを飲《の》みながらバスを待《ま》つのが楽《たの》しいから必要《ひつよう》です
そうなのね
じゃあこのままにしよう
そうね
パパとママがわかってくれた……これがコウショウかあ
ぼく大人《おとな》みたいでカッコイイじゃん!

こっちはどう?
これは?
お互《たが》いの言《い》うことをよく聞《き》いて話《はな》し合《あ》いましょ!
よし
いいわね
うん
ぼくのおこづかい金額《きんがく》はこれに決定《けってい》したよ
貯金《ちょきん》する
おこづかいの
みんなが納得《なっとく》できる適切《てきせつ》な金額《きんがく》になったかしら?

3 「ヨサン」

おこづかいは予算《よさん》を立《た》てて使《つか》おう

お菓子《かし》やマンガをいっぱい買《か》ってしまったら次《つぎ》のスイミングには行《い》けるかしら？
そのあとのジュースは大丈夫《だいじょうぶ》？
えんぴつが終《お》わっちゃったらどうする？買《か》えないわ
ずいっ
たじっ・・・
もうパパやママには頼《たの》めないのよ？
う……
そうでした
お金《かね》は簡単《かんたん》になくなってしまうもの間違《まちが》って使《つか》われることも多《おお》いわ
気《き》をつけなくちゃ
そっかどうしよう大丈夫《だいじょうぶ》かな

大丈夫《だいじょうぶ》!! そのために
ヨサンを立《た》てるのよ!!
ヨサンを立《た》てる?
おこづかいを何《なに》に使《つか》うか計画《けいかく》を立《た》てる ということよ
へー
スイミング交通費
ジュース
おこづかい
マンガ
ノート
やってみよう
えーと "「ひつようなもの」のためのお金《かね》"がコレで
チャリ
チャリ
コレはマンガにとっておきたいんだよね
チャリ
あれ?
チャリ
チャリ
あっ
チャリ
わ〜〜ん
わからなくなっちゃった

透明《とうめい》ないれものを
おこづかい〝金庫《きんこ》〟にすると
目《め》で見《み》ただけで
ヨサンが管理《かんり》できるわよ
ほんとだ！
わかりやすい
ながいあいだのちょきん
みじかいあいだのちょきん
ほしいもの
ひつようなもの
あれ？ 貯金《ちょきん》の金庫《きんこ》が 2個《こ》あるよ？
？
●月刊《げっかん》のマンガ ●家族《かぞく》や友《とも》だちの誕生日《たんじょうび》プレゼント ●寄付《きふ》 など
こう 分《わ》けると 使《つか》いやすい でしょ？
●ゲームなど 値《ね》のはるもの ●いざというとき など
そうだね！
ながいあいだのちょきん
みじかいあいだのちょきん
おこづかいは 金《きん》ちゃんの ものなんだから 何《なに》にいくら使《つか》うかは 金《きん》ちゃん次第《しだい》よ
うん!! じょうずに管理《かんり》して いっぱい貯金《ちょきん》しよう

4 シゴト
"家《いえ》の仕事《しごと》"を引《ひ》き受《う》ける
おこづかいの金額《きんがく》が決《き》まったので
次《つぎ》は金《きん》ちゃんの"家《いえ》のシゴト"を決《き》めます
はい
このおこづかいプログラムのポイントのひとつはココ! "お手伝《てつだ》い"ではなく"家《いえ》のシゴト"を決《き》めるのよ
どんなシゴトを週《しゅう》に何回《なんかい》いつやる?
シゴトメニューもあるから見《み》てごらん
うーーん
ママは週《しゅう》に何回《なんかい》洗濯《せんたく》をしているの?
だいたい毎日《まいにち》やってるわよ
毎日《まいにち》!?
洗濯物《せんたくもの》をたたむシゴトをしようと思《おも》ったんだけど毎日《まいにち》はできないと思《おも》うんだ
スイミングもあるしサッカーも始《はじ》めたし…
どうしよう

そうだ
週3日《しゅうみっか》でもいいかなあ
そんなにできる?
うん
わかったわ!よろしくね
それと
金《きん》ちゃんが毎日《まいにち》やっているゼニ太《た》のえさやりだけど……
ゼニガメのゼニ太《た》
うん
ゼニ太《た》大好《だいす》きなんだあれはぼくがやる
じゃあそれもシゴトとしてあらためてお願《ねが》いしようかな
わかった
ほかには
すごいなあぼくシゴトをしておこづかいをもらうんだ大人《おとな》みたいだ

5 「セキニン」

家族《かぞく》の一員《いちいん》としての責任《せきにん》をはたす

だから子どもも家《いえ》のシゴトをしてセキニンをはたすの
セキニン
セキニン
うん
家《いえ》のシゴト
おこづかい
セキニン……?
どう? わかった?
金《きん》ちゃんがそのシゴトをセキニンをもってやらないと誰《だれ》もそのシゴトをしないということよ
せんたくものの山《やま》!
シゴトやったの!?
パパやママに催促《さいそく》されずにちゃんとやるのもセキニンね
キリッ
そっかお金《かね》をもらうということはセキニンがついてくるんだね
そのとおり!! ますます大人《おとな》みたいでしょ? がんばって!!

6 ボーナス
もっとおこづかいがほしいときのために
おこづかいカイギではボーナスのシゴトを決《き》めるのも忘《わす》れないで
ボーナス!? 知《し》ってるよ
パパがボーナスもらってくるとママが喜《よろこ》んでる
ボーナス♡
いつものおこづかいよりもっと稼《かせ》ぎたいときのためのシゴトを決《き》めておくのよ
どんなシゴトをすればいいかなぁ
そうねー……
ボーナスでもらったお金《かね》は何《なに》か楽《たの》しいことのため 誰《だれ》かの誕生日《たんじょうび》…… いろいろ使《つか》い道《みち》があるわ
もちろん貯金《ちょきん》してもいいわね
何《なに》に使《つか》うかは自分《じぶん》で決《き》めていいのよ

7 「ケイヤク」

約束《やくそく》を紙《かみ》に書《か》く

じぃーーっ
うん いいね
そうね
親《おや》がこれにサインをすればおこづかいをあげることを約束《やくそく》したことになるわ
署名《しょめい》(サイン)
小《こ》塚《づか》い
キュ キュッ
やった!!
次《つぎ》は金《きん》ちゃんの番《ばん》 きちんと内容《ないよう》を確認《かくにん》して!
家《いえ》のシゴトはきちんとできそう?
「やりなさい」と言《い》われなくても自分《じぶん》からやるのよ
じーっ

大丈夫《だいじょうぶ》!! ぼく できるよ!!
親《おや》の名前《なまえ》 小塚井《こづかい》 正子《まさこ》
子《こ》の名前《なまえ》 こづかい
キュキュキュ…
はい、ここに おこづかいと家《いえ》の シゴトのケイヤクが 結《むす》ばれました
おこづかい契約書
小塚井 大
小塚井 正子
このシゴトを 金《きん》ちゃんに任《まか》せて ママはほかの 家事《かじ》や先《さき》の予定《よてい》を 立《た》てられるから 助《たす》かるわ! よろしくね
はい
ぼくは 大人《おとな》のように ちゃんと ケイヤクを 守《まも》るんだ!!
よーし がんばるぞ

「8 チェック」
シゴトカレンダーを自分《じぶん》でつける
パパ、ママ この表《ひょう》は ここに貼《は》るよ
ペタッ
シゴトカレンダー
みんなが見《み》やすいところに貼《は》りましょう!
約束《やくそく》した家《いえ》のシゴトや回数《かいすう》を書《か》くよ
シゴトカレンダー
なまえ こづかいきんたろう
シゴト 月 火 水 木 金 土 日
日づけ
毎週《まいしゅう》コピーして使《つか》おう
シゴトをしたらシールをはってね
しるしを書《か》いてもOK《オーケー》!

よーし シゴトをしたぞ
自分《じぶん》でやろうと 決《き》めたときに シゴトをする
10月
カッコイイじゃん!!
このシールが セキニンをはたした という証《あか》しよ
エヘン
あら
お
みんなで 確認《かくにん》できるから パパやママに確認《かくにん》 されることもないわよ
シゴトやったの？
やったよ
こんなことにも ならないわね

数週間後《すうしゅうかんご》
今日《きょう》はおこづかいをもらう日《ひ》だけど
シゴトをしない日《ひ》があったからもらえないかもしれない
サッカーの練習《れんしゅう》で帰《かえ》りがおそくなっちゃったんだ…
シゴトカレンダー
金《きん》ちゃーん
はい今週《こんしゅう》のおこづかいよ
え!?
あ、ありがとう
いつもどおりもらえた……
もしかして少《すこ》しくらいシゴトをしなくてもいいのかな……?
コラッ!!
何度《なんど》も忘《わす》れたり何回《なんかい》も「やったの?」と言《い》われてもおこづかいをもらえると思《おも》っちゃダメよ
ギクッ

パパやママだって
そのお金《かね》を稼《かせ》ぐために
がんばって働《はたら》いているわ
○○スーパー
それに家《いえ》の
シゴトに対《たい》して
セキニンをもて
ないなら
お金《かね》に対《たい》しても
セキニンを
もてないのだと
パパやママも
思《おも》うでしょうね
はっ
そしたらこの
おこづかいプログラムは
しばらくやめる
しかないわ
それってふりだしに
戻《もど》っちゃうってこと……?
ママ美人《びじん》!
それは
イヤだ!!
ぶんぶんぶん
おこづかいプログラムを
続《つづ》けるためにも
しっかりセキニンを
はたさなくちゃ
気合《きあ》い入《い》れ直《なお》し!
みゅ〜

「9 サイコウショウ」
もう一度《いちど》カイギを開《ひら》く
どん!
あぁ~…
最近《さいきん》サッカーの練習時間《れんしゅうじかん》が延《の》びて家《いえ》のシゴトがなかなかできないよ~
なかなかたたまないからママもイライラしてるし
これまで何度《なんど》も「やったの!?」って言《い》われちゃった
一生《いっしょう》けん命《めい》がんばってみたけど家《いえ》のシゴトを続《つづ》けるのが大変《たいへん》だよう
どうしたらいいのーーー!?
そうだ

サイコウショウ
お願《ねが》いします
こんなときは
またカイギを
開《ひら》いてもらいましょ
どうしたの？
最近《さいきん》家《いえ》の
シゴトがあまり
できなくて……
サッカーの
コーチがかわって
練習《れんしゅう》時間《じかん》が長《なが》くなって
シゴトがなかなか
できないんだ
どうしてケイヤクを
守《まも》れないのかきちんと
説明《せつめい》するのよ

「おこづかいが足《た》りない」と感《かん》じたときは金額《きんがく》のサイコウショウも必要《ひつよう》ね
学年《がくねん》が上《あ》がったり自分《じぶん》で洋服《ようふく》を買《か》いたくなったり、新《あたら》しいスポーツを始《はじ》めたくなったり……
そういえば、ぼく新発売《しんはつばい》のおもちゃがほしいんだ それもサイコウショウしようかな
それは本当《ほんとう》に必要《ひつよう》なもの? ただほしいものだったらダメよ パパやママにフェアじゃないわ
そっか
そういうときはヨサンを立《た》てて貯《た》めるんだったね
ながいあいだのちょきん
サイコウショウでシゴトも見直《みなお》してもらったしあらためてがんばるぞー
おーっ!

「ヤクソク」10
大切《たいせつ》なのは約束《やくそく》を守《まも》ること
ただいまー マニちゃん聞《き》いてよ
さぎたくんてば ヤクソクしてたのに来《こ》なかったんだよ～?
もう さぎたくんと ヤクソクするのイヤだよ
なんと2度目《どめ》!
そう、ヤクソクを守《まも》らないことは信用《しんよう》をなくすことになるのよ
おこづかいのケイヤクも同《おな》じ
パパやママとのヤクソクを守《まも》らないと二人《ふたり》からの信頼《しんらい》を失《うしな》うわ
それはイヤだよ
大切《たいせつ》なのはヤクソクを守《まも》ること!!
今日《きょう》のシゴトしてこよっと!!
これはかしこい子《こ》どものためのおこづかいプログラムよ
ちゃんと実行《じっこう》して役立《やくだ》ててね

「おこづかいプログラム」をやるみんなへ

うまくいくためのヒント

- 何《なに》にお金《かね》を使《つか》うのかヨサンを組《く》んで書《か》き出《だ》すようにしよう。
- その日《ひ》その日《ひ》の出費《しゅっぴ》の記録《きろく》をつけたほうがいい。少《すく》なくともたまにはね。
- 両親《りょうしん》に言《い》われなくても、少《すこ》しは貯《た》めるようにしよう。
- ほかの子《こ》どもたちとおこづかいを比《くら》べないこと。その家庭《かてい》ごとにそれぞれ違《ちが》ったヨサンがあって誰《だれ》しもその範囲内《はんいない》でやらなくちゃいけないんだから。
- 友《とも》だちにプレゼントを買《か》うときは、その友《とも》だちが喜《よろこ》ぶものを考《かんが》えるといいね。でもあくまでもヨサンの範囲内《はんいない》でだよ。無理《むり》はしないこと。
- 本当《ほんとう》に緊急事態《きんきゅうじたい》になったとき以外《いがい》、おこづかいを前借《まえが》りしてはいけない。
- 誰《だれ》かからお金《かね》を借《か》りたらできるだけ早《はや》く返《かえ》すようにしよう。
- 大《おお》きな買《か》い物《もの》のためにお金《かね》を貯《た》めたいときは、使《つか》うお金《かね》とは分《わ》けてしまっておこう。
- 貯《た》めたお金《かね》がかなりの額《がく》になってきたら、銀行《ぎんこう》に自分《じぶん》の口座《こうざ》を作《つく》って預《あず》けよう。
- 「おこづかいプログラム」を楽《たの》しんでね！
きみは今《いま》、人生《じんせい》を通《とお》してずーっと必要《ひつよう》で大切《たいせつ》なことをおこづかいで学《まな》んでいるんだ。自信《じしん》と誇《ほこ》りをもって取《と》り組《く》もう！

4つの透明《とうめい》な金庫《きんこ》で おこづかいをじょうずに管理《かんり》しよう

もらったおこづかいはどこにしまう?

「ほしいもの」「必要《ひつよう》なもの」「貯金《ちょきん》」のお金《かね》がごちゃごちゃになってしまわない、いい方法《ほうほう》がある。この方法《ほうほう》なら、自分《じぶん》が今何《いまなん》のためのお金《かね》をいくら持《も》っているかが外《そと》から見《み》るだけでわかる。だから、簡単《かんたん》にヨサン管理《かんり》ができるというわけ。

1 ふたのしまる透明《とうめい》ないれものを4つ用意《ようい》しよう

金庫《きんこ》といっても、これは子《こ》ども専用《せんよう》の手《て》作《づく》り金庫《きんこ》だ。大事《だいじ》なのは透明《とうめい》なことと、ふたのあけしめがラクできちんとしまること。たとえばジャムや調味料《ちょうみりょう》、スパゲッティソースなどのあきびん、100円《えん》ショップで売《う》っている透明《とうめい》なプラスチックのいれものなど。大《おお》きさはバラバラでもいいよ。

2 4つのいれものに、ラベルをはろう

1 **ほしいもの**(のためのお金《かね》)

2 **ひつようなもの**(のためのお金《かね》)

3 **みじかいあいだのちょきん**

4 **ながいあいだのちょきん**

ラベルがなければ油性《ゆせい》ペンで直接《ちょくせつ》書《か》いてもいいよ。

3 おこづかいをもらったら、すべてこの4つのいれものに分《わ》けて入《い》れてね

ほしいもののためのお金《かね》

これは自分《じぶん》が今《いま》ほしいものを買《か》うためのお金《かね》。おやつを買《か》ったり、ガチャポンを買《か》ったり、いれものがからっぽになるまで好《す》きに使《つか》える。ただし、週《しゅう》の途中《とちゅう》でからっぽになってしまったら、次《つぎ》のおこづかい日《び》までからっぽのまま。それから、ここのお金《かね》を使《つか》わずに貯《た》めておいて少《すこ》し大《おお》きいものを買《か》ってももちろんいい。

ひつようなもののためのお金《かね》

ノートなどの文房具《ぶんぼうぐ》のほか、必要《ひつよう》なものを買《か》うためのお金《かね》だから、この金庫《きんこ》はからっぽにしてはダメ。もしこのいれものがからっぽなときに学校《がっこう》のノートがなくなったらどうする？　困《こま》るよね。だから必要《ひつよう》になるまでだいじにとっておこう。

みじかいあいだのちょきん

たとえば毎週《まいしゅう》買《か》うわけではないけれど、1カ月《げつ》とか数《すう》カ月《げつ》の間《あいだ》に絶対《ぜったい》使《つか》うことがわかっているもののために少《すこ》しずつ毎週《まいしゅう》のおこづかいを貯《た》めておく。家族《かぞく》や友《とも》だちの誕生日《たんじょうび》や、母《はは》の日《ひ》や父《ちち》の日《ひ》、敬老《けいろう》の日《ひ》などのプレゼント代《だい》のためのお金《かね》。それから社会《しゃかい》のために使《つか》うお金《かね》、赤《あか》い羽根募金《はねぼきん》などの寄付《きふ》やフェアトレード商品《しょうひん》などを買《か》うためのお金《かね》もここに貯《た》めておこう。この社会《しゃかい》のために使《つか》うお金《かね》のための金庫《きんこ》を別《べつ》にしてもいいよ。

ながいあいだのちょきん

おこづかいではすぐには買《か》えないけれどほしい高《たか》いもの、ゲームソフトとか何《なに》か大《おお》きなおもちゃとか、そういったものを買《か》うために長《なが》い間《あいだ》貯《た》めておくお金《かね》はここに入《い》れる。もちろん今何《いまなに》もあてがなくても、いつかそういうものがほしくなったときのためにも貯《た》めておく必要《ひつよう》がある。この金庫《きんこ》はいつもは入《い》れるだけ。めったなことではここのお金《かね》は使《つか》わないんだ。

この4つの金庫《きんこ》は、きみだけの銀行《ぎんこう》だ。
これがあればもう必要《ひつよう》なお金《かね》をまちがって使《つか》ってしまうこともない。
これでヨサン管理《かんり》をしっかり身《み》につけてね。

家《いえ》での仕事《しごと》

- [ ] くつをきれいにならべる
- [ ] **新聞《しんぶん》を郵便受《ゆうびんう》けからとってくる**
- [ ] **郵便物《ゆうびんぶつ》を郵便受《ゆうびんう》けからとってくる**
- [ ] **ゴミ箱《ばこ》をからにする**
- [ ] **ゴミおき場《ば》へゴミを出《だ》してくる**
- [ ] 雨戸《あまど》をあける・しめる
- [ ] フローリングワイパーをかける
- [ ] 床《ゆか》のぞうきんがけ
- [ ] 床《ゆか》のはきそうじ

シゴト MENU《メニュー》

このリストはカイギで、親子《おやこ》で子《こ》どもが引《ひ》き受《う》ける“家《いえ》のシゴト”をさがすためのものです。

子《こ》どもは、ここから自分《じぶん》がどんなシゴトを引《ひ》き受《う》けるのかをさがしてみましょう。

パパやママは、どんな“家《いえ》のシゴト”をやってもらいたいかを考《かんが》える参考《さんこう》にしてください。

もちろんここにないシゴトでもかまいませんが、それを見《み》つけるのにも、きっとこのメニューが役《やく》立《だ》つはず。

パパやママへ

ここでは、“家《いえ》のシゴト”として、子《こ》どもが自分自身《じぶんじしん》で自主的《じしゅてき》に継続的《けいぞくてき》に取《と》り組《く》みやすいようなものを中心《ちゅうしん》に紹介《しょうかい》しています。リストは上《うえ》から順《じゅん》に一般的《いっぱんてき》にはより小《ちい》さい子《こ》どもでもできる単純《たんじゅん》なものになっています。太字《ふとじ》は特《とく》に子《こ》どもがやりやすいおすすめの仕事《しごと》です。

※コピーして使《つか》ってね

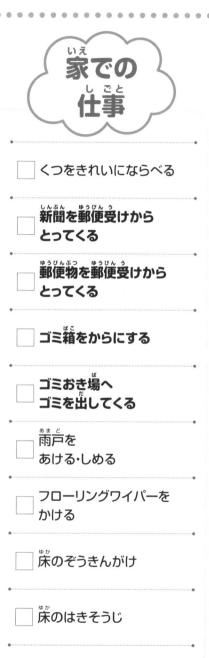

キッチン

□ 食《た》べ終《お》わったお皿《さら》などをさげる

□ テーブルにおはしやお皿《さら》をならべる

□ お皿《さら》を洗《あら》う

□ しょっき洗《あら》いきにお皿《さら》などをセットする

□ 洗《あら》いおわったお皿《さら》をふく

□ ふいたお皿《さら》をたなにもどす

□ しょっき洗《あら》いきのお皿《さら》などをたなにもどす

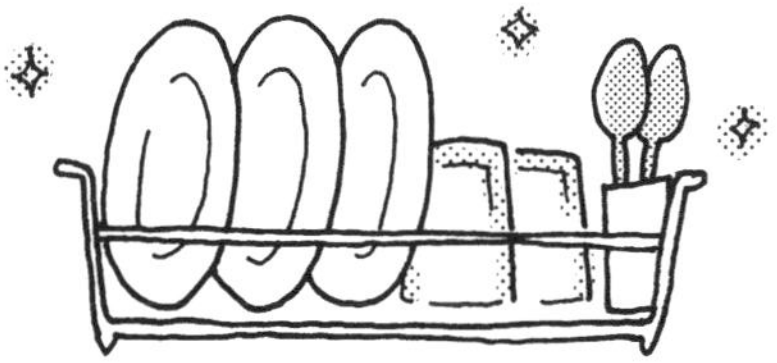

□ そうじきをかける

□ かがみをきれいにする

□ まどをふく

□ たななどをふく

□ 弟《おとうと》や妹《いもうと》のめんどうを見る

食事《しょくじ》のしたく

□ お米《こめ》を洗《あら》って、すいはんきのスイッチをセットする

□ 食事《しょくじ》づくりの手伝《てつだ》いをする

□ 生《なま》ゴミをまとめる

ペット

□ ペットにえさをあげる

□ ペットのさんぽをする

□ ペットのケージやえさ入《い》れをきれいにする

おふろ せんめんじょ トイレ

□ よくそうのそうじをする

□ せんめんじょのシンクをきれいにする

□ トイレをそうじする

□ おふろの床《ゆか》やかべをそうじする

MEMO

家庭《かてい》の事情《じじょう》によって家族《かぞく》に役立《やくだ》つ仕事《しごと》が違《ちが》うこともあるし、仕事《しごと》の難易度《なんいど》が違《ちが》うこともあるでしょう。わが家《や》とわが子《こ》に合《あ》った仕事《しごと》を柔軟《じゅうなん》に考《かんが》えてください。

外《そと》の仕事《しごと》

- □ 植物《しょくぶつ》の水《みず》やり
- □ げんかんさきのそうじ
- □ ベランダのそうじ
- □ 落《お》ち葉《ば》をあつめる
- □ 雪《ゆき》かきをする
- □ 草《くさ》むしり
- □ ガレージをそうじする

洗濯《せんたく》

- □ たたんである洗濯物《せんたくもの》をくばる
- □ **洗濯物《せんたくもの》をたたむ**
- □ **洗濯物《せんたくもの》をとり込《こ》む**
- □ **洗濯物《せんたくもの》を干《ほ》す**
- □ 洗濯物《せんたくもの》と洗《せん》ざいを入《い》れて洗濯機《せんたくき》をまわす

おこづかいヨサンワークシート

「ほしいもの」のためのお金《かね》

	↓1週間《しゅうかん》にかかるお金《かね》
1	円《えん》
2	円《えん》
3	円《えん》
4	円《えん》
5	円《えん》
6	円《えん》
「ほしいもの」のためのお金《かね》(合計《ごうけい》)	円《えん》 A

「必要《ひつよう》なもの」のためのお金《かね》

	↓1週間《しゅうかん》にかかるお金《かね》
1	円《えん》
2	円《えん》
3	円《えん》
「必要《ひつよう》なもの」のためのお金《かね》(合計《ごうけい》)	円《えん》 B

貯金《ちょきん》するお金《かね》

		↓1週間《しゅうかん》にかかるお金《かね》
月内《げつない》に使《つか》ってしまうような短《みじか》いもの	1	円《えん》
	2	円《えん》
	3	円《えん》
寄付《きふ》	4	円《えん》
もっと長《なが》く貯《た》めるもの	5	円《えん》
	6	円《えん》
	7	円《えん》
貯金《ちょきん》するお金《かね》(合計《ごうけい》)		円《えん》 C

おこづかい額《がく》 A + B + C = 円《えん》

※コピーして使《つか》ってね

おこづかい契約書《けいやくしょ》

私《わたくし》＿＿＿＿＿＿＿＿＿＿＿＿（親《おや》の名《な》）＿＿＿＿＿＿＿＿＿＿＿＿（親《おや》の名《な》）は、

＿＿＿＿＿＿＿＿＿＿＿＿（子《こ》の名《な》）に、おこづかいとして週《しゅう》に＿＿＿＿＿円《えん》を

支払《しはら》うことに、誠実《せいじつ》に同意《どうい》します。支払《しはら》いは、｛毎週《まいしゅう》＿＿＿曜日《ようび》／毎月《まいつき》＿＿＿日《にち》｝に行《おこな》います。

あなたは、ここで約束《やくそく》した家《いえ》の仕事《しごと》をするほかに、ボーナス用《よう》に設定《せってい》した仕事《しごと》をすることで、ボーナスを受《う》け取《と》ることもできます。

ただし、ボーナスは、最大《さいだい》＿＿＿＿＿円《えん》とします。ボーナスの支払《しはら》いは、おこづかいと同様《どうよう》に週《しゅう》や月《つき》ごとに計算《けいさん》され、支払《しはら》われます。

もし、何《なに》か問題《もんだい》が起《お》きたなら、私《わたくし》だけでなく家族《かぞく》の全員《ぜんいん》にも考《かんが》えてもらい、公平《こうへい》に責任《せきにん》を持《も》って対処《たいしょ》することを約束《やくそく》します。

私《わたくし》＿＿＿＿＿＿＿＿＿＿＿＿（子《こ》の名《な》）は、家族《かぞく》の一員《いちいん》として、次《つぎ》の家《いえ》の仕事《しごと》を毎週誠実《まいしゅうせいじつ》に行《おこな》います。私《わたくし》は、親《おや》にいちいち言《い》われなくても、この仕事《しごと》を自《じ》分《ぶん》でしっかりとできるようにします。

もし、約束《やくそく》した家《いえ》の仕事《しごと》のほかにボーナス用《よう》の仕事《しごと》をしたときは、ボーナスの支払《しはら》いを受《う》け取《と》ります。

1 ＿＿＿＿＿＿＿＿＿＿＿＿　2 ＿＿＿＿＿＿＿＿＿＿＿＿

3 ＿＿＿＿＿＿＿＿＿＿＿＿　4 ＿＿＿＿＿＿＿＿＿＿＿＿

ボーナス用《よう》

1 ＿＿＿＿＿＿＿＿＿＿＿＿　2 ＿＿＿＿＿＿＿＿＿＿＿＿

私《わたくし》は、家族《かぞく》の人《ひと》たちに期待《きたい》してもらうために、これらの仕事《しごと》をきちんと行《おこな》うようにベストを尽《つ》くします。もし問題《もんだい》が起《お》きたときは、私自身《わたくしじしん》の問題《もんだい》として考《かんが》えるとともに、家族《かぞく》の人《ひと》たちにも考《かんが》えてもらいながら、公平《こうへい》に合理《ごうり》的《てき》に対処《たいしょ》することを約束《やくそく》します。

この契約《けいやく》に同意《どうい》した日《ひ》

＿＿＿＿年《ねん》＿＿＿＿月《がつ》＿＿＿＿日《にち》

契約《けいやく》をやり直《なお》した日《ひ》（必要《ひつよう》のあるとき）

＿＿＿＿年《ねん》＿＿＿＿月《がつ》＿＿＿＿日《にち》

署名《しょめい》（サイン）

親《おや》の名前《なまえ》＿＿＿＿＿＿＿＿＿＿＿＿〇

親《おや》の名前《なまえ》＿＿＿＿＿＿＿＿＿＿＿＿〇

子《こ》の名前《なまえ》＿＿＿＿＿＿＿＿＿＿＿＿〇

※コピーして使《つか》ってね

なまえ

おこづかい日《び》

毎月《まいつき》　日《にち》

毎週《まいしゅう》　曜日《ようび》

おこづかい額《がく》

円《えん》

木《もく》	金《きん》	土《ど》	日《にち》
月《がつ》 日《にち》	月《がつ》 日《にち》	月《がつ》 日《にち》	月《がつ》 日《にち》

※コピーして使《つか》ってね

シゴトカレンダー

シゴト	月《げつ》	火《か》	水《すい》
回《かい》 メモ			
回《かい》 メモ			
回《かい》 メモ			
回《かい》 メモ			
回《かい》 メモ			
日《ひ》づけ	月《がつ》 日《にち》	月《がつ》 日《にち》	月《がつ》 日《にち》

おこづかいスタート 最適年齢は5～6才！

この本を監修してくれた西村隆男先生おすすめの最適年齢は、5才から6才になる年です。

「ちょっとお勉強チックだけど、5～6才でおこづかいをあげ始めると、小学校に進むのにもなにかとスムーズだから」

とは先生の弁。確かに、お金を自分で扱うことで数字の勉強になるだろうし、文字への興味も増すかもしれません。また、幼児期はお手伝いが大好きなころ。家の仕事を任されれば鼻たかだかでやるはずです。少し話がそれますが、幼児のお手伝いは実は親の手も相応にかかり、そのわりには役に立たない。そのため、「自分でやったほうが早い」と、あまり手伝わせたがらない声も聞きます。でも子どもは、役に立つばかりではないそのころからお手伝いをやらせてあげないと、本当に役立つようになったころには家の仕事をしたがらなくなるものなんです。“家の仕事”を家族の一員としてやるのは当たり前ということを伝えるのにも、幼児期のほうがいいということをぜひ伝えておきたいと思います。

さらに5～6才が最適年齢だと私が思う理由は、小学生になってからよりもまだずっと親といっしょに行動することが多いから。電子マネーを使わせずに実際のお金を扱わせるのにうってつけだと思います。バーチャルマネーを知る前にリアルマネー体験をできるだけ多く積ませてあげられるのも、おこづかいのいい点ではないでしょうか？

しかしわが家では、おこづかい制を始めたのは小学校2年生か3年生のとき。それが遅すぎたかというと、そんなことはありませんでした（当時はまだ子ども用電子マネーもありませんでしたし）。むしろ理解力が上がり、自主性も上がり、能力も上がっているので、とてもスムーズに導入できました。それでいて、それまで実は買い与えすぎていたおもちゃ類をいっさいおねだりしなくなるといううれしい効果もあって、幼児期の子育ての失敗もリカバーできたのです。だから私のように忙しいママは、少し遅めのスタートがラクかもしれません。たとえばスイミングが、早く始めてもなかなか進級できないのに、小学生から始めたらスイスイ進むみたいに、やはり発達してからのほうがいい面もあったように思います。

逆に5才より小さい子は無理かというと、そんなことはありません。雑誌「コモ」（現在は休刊）で読者のかたにおこづかい体験をしてもらったときの最年少はなんと3才。4才のお子さんも複数参加してくれていました。上にきょうだいがいたりすればやりやすいでしょうし、ひとりっ子なら少し手がかかりますが、親が手間をいとわなければ可能だと思います。

結論としては、最適年齢は5～6才で、小学校3年生くらいまでがベスト。やろうと思えば3才からでも可能だということです。これを逃してしまっていても決して無駄ではありませんから、思い立ったらいつからでも始めてほしいと思いますが、遅くともできれば小学生のうちに始められたらいいですね。

第2章

子どもの マネー教育 とおこづかい

お金に関するトラブルに巻き込まれやすい大学生や20代の若者。その原因は？

「今の小学生はおこづかいをもらっていない。そもそも子どもたちは『お金を使う機会』そのものがありません。必要に応じて親が買ってくれるからです。これは親にとっては、実はとてもラクなんですね。トラブルが起こりにくいですから。しかし、そんな『無菌状態』で育った子たちは、成長してから『もっと大きなマネートラブル』、たとえば、マルチ商法の被害にあうなどといったトラブルに巻き込まれる可能性が大きいんです。マルチ商法の場合は、被害者になるだけでなく、自分が別の被害者を生み出してしまうこともある。そんな危険なワナに、何の危機意識もなく足を踏み入れてしまったりするんです」

これは、この本の監修をしてくれている、横浜国立大学名誉教授の西村隆男先生の言葉です。ただし、今から16年前の2004年に、幼稚園ママがメインターゲットの雑誌「コモ」（現在は休刊）のおこづかいの記事に掲載したものです。このあとに続くのはこんな言葉です。

「今の若い子たちは、豊かな社会で穏やかに育ってきた世代です。まっすぐで素直で、『うまい話』を疑うこともない。しかし今の社会にはそういう素直さを食い物にしようとする人がたくさんいます。カードローン、多重債務……20代の自己破産の件数は増加の一途をたどっています。

いいですか？　お金のワナにあっさり引っかかってしまうこの世代は、〝子どものうちはお金を持たせない〟と育てられた世代なんですよ」

消費者教育学、生活経済学が専門の西村先生が、16年前に大学生や20～30代の若者を見て抱いた感想です。当時は小学生におこづかいをあげない家庭が主流でした。

理由は、先生も言うとおり「必要に応じて親が買ってあげるほうがラクだから」。


さて、ここで質問です。あのころ小学生だった子どもは今、何才ぐらいでしょう？

そう、23才から28才。自立した生活が始まっている年ごろです。

その小学生だった子どもたちが社会人になって、状況は変わったのでしょうか。

西村先生に尋ねてみました。

「マルチ商法の被害っていうのは、今も変わらずありますね。ただ手口はどんどん変わります。あれって興味深いことに、問題になると3年から5年静かになって、ほとぼりが冷めるとまた残党の一派が始めたりするんです。最近は、SNSなどを通じて起業セミナーに集まったあとの交流会で、高額商品を勧誘するマルチ商法の被害も若い人には多く見られます。短期間で大きく稼げると投資のノウハウを売りにするイカサマものや、新手の短期バイトを装ったものもあります。これはたった1週間働いて10万円もらえるといったもの。ネット上の募集広告を見て行ってみると、振り込め詐欺のかけ子（電話する役）や受け子（高齢者宅に現金を受け取りに行く役）

だったり。若い人がマネートラブルに巻き込まれやすいという点では、当時と変わりない状況です」

とのこと。先生はさらに続けて言います。

「民法改正によって、2022年4月からは成人年齢が20才から18才に引き下げられるので、18才になっていれば従来の未成年者取消権が使えなくなってしまいます。未成年者は、よくわからずにうっかり契約してしまっても、親が承諾していなかったと言えば契約の取り消しができるわけですが、18才は成人ですからできません。悪質商法の被害の実態では、20才になったとたんに消費者トラブルに巻き込まれるケースが多く見られますから、それまでに契約を含めたマネー教育をしておく必要性が高まったと言えるでしょう。だから文部科学省の新しい学習指導要領では、小学校5年生で家庭科で『契約』について学ぶようになったんです」

以前よりますます若者をめぐる状況は危なく厳しくなり、契約に関する知識を持つこと、マネー教育が急務になっているということのようです。

さらに先生は、若者が自分の抱えている借金に無自覚なことも心配だと言います。

「私は大学で全学部開放科目として『金融リテラシー入門』という授業を行っていました。教室で学生に『今、借金ある?』って聞くと、だいたいみんな『ない』って答える。それで『分割払いのものはないか?』と聞くと、それも『ない』って言う。でもね、大学生の99%はスマホを使っているのですが、そのスマホを実は分割払いで買っているんですよ。スマホの端末は5万〜

15万するものです。機種をこれと決めると今度はさまざまな料金プランが示されるので、わりと簡単に契約してしまいがちです。でも端末を即金で購入したのでなければ、クレジットで購入しているわけです。その分割金を2年間かけて返済していく。通信料と合算で毎月1万円とか引き落とされていくので意識は持ちにくいかもしれませんが、立派な借金なんです。もう1つの無自覚な借金の代表が奨学金。あれは名前に反してそのほとんどが貸与で、実は借金。こちらは金額が大きいと、社会人になってから重い返済がのしかかってきますから、計画的に借りてほしいですね」

便利な世の中なので、知識がないと気がつかないうちに借金をしてしまうとのこと。お金に関するしっかりとした知識がますます必要になっているようです。

お金に関して計画性のあるアメリカの大学生、その日暮らし的な日本の大学生

先生はおもしろいデータも教えてくれました。２０１２年にＶＩＳＡワールドワイド（ＶＩＳＡカード）の行った日米大学生の比較調査「金融教育に関する日米大学生アンケート」の結果です。これは日米大学生の金銭意識、金銭行動の変化を調査したもの。アメリカのアイビーリーグの大学と日本全国の主要31大学の学生が調査対象だったそうです。

「おもしろいのは、『あなたは、どのようなルールで貯蓄をしていますか』という質問に対しての答えの違いです。アメリカでは『何か目的があってそのために貯めておく』が56％と過半数なのに対して、日本では37％しかいない。逆に日本で多いのは『やりくりして残ったお金を貯金する』、これが61％と非常に高いんです。これは、将来に向けてプランニングをしてお金を使っていくという大学生像がアメリカにはあるが、日本の大学生はあまり計画性を持たず、その日暮らし的であると解釈できるんです。この違いはやはり、アメリカではプラグマティック（実用的）な金銭管理とか、お金に関してのトレーニングをわりと早い時期から積んでいるのに対して、日本ではあまりトレーニングを積んでいないという、そのギャップからきているのではないかと思います。

このことからも、日本でもやはりもう少しマネー教育をする必要があるのではないかと思いますね」

アメリカのプラグマティックな金銭管理のツールを紹介した『子どものおこづかい練習帳』

アメリカで行われている「プラグマティックな金銭管理」や「お金のトレーニング」という言葉で私が真っ先に思い出すのが、この本で紹介する「おこづかいプログラム」のもとになった本です。西村先生からお話をいただいて、２００４年に主婦の友社から出版した『子どものおこづかい練習帳』です。これはアメリカの「おこづかいシステム」を実際に行うための箱入りキットを、本にして出版したものでした。このキットは実によくできていて、子どもにとっても「おままごと」のようで、きっと「大人になったような気分」も味わえて楽しいだろうなあと思えるようなものでした。

「コモ」編集部在籍時代、子育て記事として、〝おこづかい〟は避けては通れないテーマでしたが、担当編集者の私個人にとっては、実はあまり気の進まないテーマでした。

まず私自身がお金をうまく管理できている自信がまったくなかったことが原因です。だから、自分で答えの方向性のあてをつけることができなかったのです。

次に、どうやらおこづかいっていうもの自体が、日本であまりうまくいっていないようだったこともあります。

日本人はとかくお金の話をイヤがる傾向があります。お金の話ばかりするのは、あまりほめられた行為ではないと感じがちなようです。割り勘の話を細かくするのがちょっとははばかられるのも、そのせいではないでしょうか？　少なくともカッコイイとは思われていないでしょう。

それが理由だったのかもしれませんが、当時子育て記事のために資料をさがしても、理論こそいくつかあったものの、実際に家庭で小さい子を相手に行うことを考えると、１つひとつの困り事にちゃんと納得のいく具体的な答えがあり、どうやればいいのか具体的な説明があるような、そんなシステムを構築できている人はいないようでした。

子育て記事では具体的に、読者が実践できる「実用的な」提案であることはとても大事でしたので、頭が痛かったのです。

しかし、このアメリカのキットは違いました。

おこづかいがはっきりとした目的をもち、すみずみまで具体的に考え抜かれた方法に裏づけられていました。

それでこれを本として出版し、その後も雑誌「コモ」の中で何度か紹介し、また、読者のかたに『おこづかいチャレンジ』と称して、ある一定期間（6週間）この本のシステムを使って実際にお子さんにおこづかいをあげてレポートしてもらい、記事にすることも試みました。もちろん私もわが子のおこづかいをこれに変更したのです。

この本は売れ行きもよく、読者にも大変好評でした。

『おこづかいチャレンジ』を実践してみたかたからは、「出かけるたびに子どもが『あれ買って』『これほしい』とおねだりしなくなった」「何でもほしがる子どもが、必死でお金の使い道を考えるようになった」「お店によって値段が違うことを知って、より安いお店で買うようになった」「何が○○円なら安いとか高いといった、物の価値について考えるようになった」「買い物の失敗をして後悔していた」「子どもにお金を持たせたり、自分で買い物に行かせたりするのは不安だったけれど、やらせてみないと勉強にならないんだということがわかった」

と、効果を実感する声がたくさん届きました。

しかし、いかんせん16年前に出版した本です。いつの間にやら品切れに。

今では中古本しか手に入りませんが、興味のあるかたは見てみてほしいと思います。

今の子育て世代は まさにおこづかい未体験世代

ところで、ここでもう1つ質問です。

この本をわが子のおこづかいの参考に、と手にとってくれているママまたはパパ。

あなたはもしかすると、かつて西村先生を嘆かせた「2004年当時の大学生または20～30代の若者」ではありませんか？

もしかすると、小学生のころおこづかいをもらっていなかったのではありませんか？

中学生から決まったおこづかいをもらって、うまく使えましたか？

西村先生が心配していたような、ひどい金銭トラブルにあいませんでしたか？

今、家計管理はばっちりですか？

おそらく、大人になってから急に金銭管理をしなくてはならなくなり、ちょっと苦労した経験のあるかたも多いのではないかと思います。

うまくいっているかたは、ここで本を閉じてくださっても大丈夫です。でもそうでないかたはぜひぜひこのシステムで〝おこづかい〟にチャレンジしてみてほしいのです。もちろん、うまくいっているかたも、この先を読んで納得がいったらぜひやってみてください。

2008年のリーマン・ショック後、世界中でマネー教育の重要性が高まっている

実は2004年と今とでは、大きく事情が違うことがあります。

それは2008年にあったリーマン・ショックのあとだということです。

日本のこれからは、パパやママが子どものころのように豊かであり続けることはむずかしいでしょうし、実際、現在の経済状況は16年前に比べて格段に厳しいものになり、長い不況の真っただ中にあります。2020年のコロナ禍の経済的ダメージも大きく、今後はますます厳しい状況が予想されます。西村先生もこう言います。

「サブプライムローン問題が表面化した2007年の夏、ブッシュ元大統領が、政府として金融教育の推進をかかげました。翌年1月には金融リテラシーに関する大統領経済諮問委員会を設置しました。またG20（主要20カ国の中央銀行総裁と財務大臣の会合）でも、リーマン・ショック以降の経済危機を乗り越える中、マネー教育に対するニーズが大きくなっていきました。2008年には経済協力開発機構（OECD）が核となり、金融教育に関する国際ネットワーク（INFE）が結成され、マネー教育の早期からの強力な推進を国家戦略とするための議論が重ねられています。このINFEでは、コロナ禍に対応するため、緊急事態時の生活困窮を回避するための貯蓄の習慣など、日常的な家計管理の手法の普及などが検討されました。

よく学力のことで話題になるOECD生徒の学習到達度調査（PISA）でも、実は2009年の試行を経て、2012年、2015年、2018年と、金融リテラシーに関する調査をやっているんです。残念ながら日本は不参加ですが。2018年の結果を見ると、北欧諸国が好成績を収めています。幼少期から生活に結びつけた主体的なマネー教育を行っているからでしょう」

なんと、金融リテラシーは、あのPISAでも問われる重要な学力のひとつなのだとか。グローバルに活躍できるようになるためにも、マネー教育は欠かせないようです。

ますます子どものマネー教育が重要視されていくであろうこの時代、わが子に「金融リテラシー」をつけてあげたいと思いませんか？

マネー教育になぜ〝おこづかい〟が役立つのか

――お金だってスポーツやピアノと同じ。練習を積まなければじょうずにつきあえるようになりません

マネー教育の重要性がおわかりいただけたでしょうか？

では、ここでなぜ〝おこづかい〟なのか、というお話をしましょう。

それは、お金とのつきあい方がとてもむずかしいからです。

子どものころは、親が管理してコントロールすることができます。18才ごろまでは、そうはいっても親の力でマネートラブルにあわないようにわが子を守ってあげられます。けれども、18才

で就職したり、進学して親元を出て一人暮らしを始めたりしたらどうでしょう？

急に大人扱いされて、すべてを任せられても困るはずです。冒頭でふれた「大きなマネートラブル」に巻き込まれた若者は、こういう子どもたちが多かったのだそうです。

お金だって、たゆまぬ練習——小さな失敗を含めて——を重ねていかなければ、急にはうまく使いこなせるものではありません。

西村先生は、若者が「大きなマネートラブル」に巻き込まれる主な原因は「トレーニング不足」だと言います。そして私はそれに加えて、「巣立ちの時期の危険」もあると思っています。

急に大人扱いされ始めるときに起こる「18才ギャップ」

大人としてデビューしたばかりの18才から20代のころ、それまでは無自覚のまましっかりと親に守られていますから、実力もまだまだ、そして無防備です。社会でわが身を守りながらしっかりと生きていくためには、やはり経験が必要ですし、それ相応の実力が必要です。ライオンがヌーの群れを襲うときも子どものヌーなど弱いところから狙います。それと同じだと思うのです。

私はこれはいわゆる小1プロブレムや中1ギャップと同じ、「18才ギャップ」ではないかと考えています。小1プロブレムは幼稚園・保育園に比べて小学校でのほうが、中1ギャップは小学校より中学校でのほうが、学校や先生が子どもを突然大人扱いすることで起こるさまざまな問題のこと。本物の大人扱い（民法が変わる2022年4月からは本物の大人そのもの）に突然なる18才では、より大きなギャップがあるのではないかと思うのです。

この時期のわが子を守ってくれるのは、そのときまでにいかにしっかりとした「生きていく力」をつけられたかにかかっています。

「生きていく力」はいろいろ考えられますが、無意識にうまくできることが多いほど、「生きていく力」も大きいのではないかと思っています。それは、家庭でどのくらいしっかりと「自立」に向けてしつけを伝えることができたかということではないでしょうか？

人はお金なしでは生活することができません。だからお金とじょうずにつきあえることはとても大切です。お金とじょうずにつきあうことは、人生とじょうずにつきあうことにもつながる、重要なことではないでしょうか？　家計や老後のお金の考え方、ライフプランなど、ファイナンシャルプランナーの先生がたに取材すると家計の考え方には厳然としたルールがあるようです。大人になったときに、突然そのルールに従って人はマネジメントできるようになるでしょうか？

答えはもちろんNO！

だから、〝おこづかい〟なのです。人はうまいやり方を体験してしっかり自分のものにしていないと、それを応用したり再現したりすることはできない生き物。

小さいときから、身の丈に合ったお金をじょうずに使えるよう、お金とのつきあい方を練習する必要があるのです。成長とともに、身の丈サイズも大きくなります。成長に合わせて段階を踏んで練習を積み重ねることが、何より自然にお金とのつきあい方を学べる方法なのです。自分の自由になる、裁量のあるお金がある額以上なくては練習になりません。そのためにも適切なおこづかいほどマネー教育に有用なものはないというわけです。

“子育てのゴール=子どもの自立”までに親が伝えておきたいことは

子育てのゴールは、子どもを“社会の一員として自立した一人前の大人に育てる”ことだと私は考えています。そのため、親はおよそ20年に及ぶ長い年月を、わが子に手をかけ目をかけしながら、日々ひとりで生きていくために必要なことを伝えていく必要があるのです。

お金とのつきあい方も、その中の落としてはいけない重要な項目です。

ひと口に自立するといっても、具体的にピンとこないかもしれません。お茶の水女子大学教授で発達心理学者の菅原ますみ先生から教えてもらった4つの指標を簡単に示すと、

① 経済的自立

自分の食いぶちを自分で稼げるようになること。

② 生活自立

自分の食べ物を自分で用意し、部屋を快適に整え、清潔な衣服を着て、時間を管理する。交通機関を利用して目的地に着ける。

③ 心理的自立

自分のことを自分で決めて責任をとれるようになること。

④ 市民的自立

国民として、市民として、責任をどうはたしていくかという意識をもてること。税金や年金を納める、選挙で投票する、ボランティア活動をする……など。

となります。

おわかりのように、①はずばりお金を稼いで暮らせるようになるということですし、②の生活自立を支えるのもお金です。③も、誰かに経済的に依存しているのでは、心理的自立も守るのがむずかしいでしょうし、④の市民としての自立をはたす意識はまさにマネー教育の中で身につけねばならないもの。すべての自立にお金は深く関係しているのです。

言い換えれば、マネー教育は自立をしっかり支える土台のようなものではないでしょうか。

この本を使って おこづかいをあげてみましょう

日本では、今でも「おこづかい」がマネー教育として役立っているという話をあまり耳にしません。

「おこづかい」がシステマチックに役立つことが知られていない、ということについては16年前に『おこづかい練習帳』を出したころとあまり変わっていないようです。

わが家では『おこづかい練習帳』にならって始めた「おこづかい」がとてもうまくいき、結果として「おこづかいこそがマネー教育として、そしてキャリア教育として、また、自立に向けた家事スキルのトレーニングとしても有用で最適なツールである」という確信をもつことができました。それだけに『おこづかい練習帳』がなくなってしまったことが返す返すも残念に思われました。たぶんこれまで知ったどんなおこづかいの方法よりもうまくいくことが確実な方法だったからです。でも元の本は、実践してみると、アメリカのものだけにかなり事情が違い、解釈がむずかしいところもいろいろありました。そこで、長年実践してみてようやくわかった、自分なりの日本仕様の「おこづかいプログラム」を、西村先生の助けを借りて、書いてみることにしました。それがこの本です。

もしも、うまくいくおこづかいのあげ方が自分の内なるレパートリーにないならば、この本を参考におこづかいをあげてみませんか？　基本をしっかり押さえれば、あとはご自分とお子さんに合わせてアレンジして使いやすくしていけばいいでしょう。

おこづかいを使って、わが子にお金とじょうずにつきあえる人になってもらいましょう。

子どもが自立して家から巣立っていくときに、わが子がお金をマネジメントできるかどうかを心配しなくていいように。

"見えないお金"が増えた今
子どもにどう教えたらいいの？
お金の重みやこわさ

西村先生
教えて！

子どもをめぐるマネートラブル、今はどんなものが？

藍

今、私たち人間の理解力をはるかに超えるスピードで、急速に世の中が変わっていますよね。とにかく情報量が多すぎる。とても人間の脳では処理しきれない量の情報にさらされていることが、子育てをする親にとっても、当事者の子どもにとっても大変なことかなと思います。うっかりしていると、親がびっくり仰天する金額のマネートラブルに、無自覚に巻き込まれてしまうようですね？

西村

以前、国民生活センターの消費者教育の研修会で、私が立法に関わった消費者教育推進法を理解してもらうセミナーをやったんですけどね、そのとき国民生活センターの相談員さんから聞いたところ、子どもによるスマホ、インターネットなどのトラブルが非常に増えているそうです。事例をご紹介します。

★ケース1　5才の幼稚園児の男の子の場合

パパのスマホのゲームで遊んでいたAくん。ある日いつも遊んでいるのとは別のゲームがスマホに入っているのに気がつきました。そのゲームで遊んでいたところ、アイテムが必要だという表示が画面に出たので画面にタッチしてゲット。ところが、ある日クレジットカード会社から32万円もの請求がきてパパが怒っているではありませんか。無料だと思っていたアイテムは、実は有料だったのです。でも5才のAくんは、実際お金を払っていないので、何が起こっているのかわかりません。

★ケース2　10才の小学生の女の子の場合

携帯電話会社から、キャリア決済の支払い額が限度額の10万円を超えるという通知が届きました。家族が確認すると、小学生の娘Bちゃんがママのスマホでオンラインゲームをしていたことがわかりました。こっそり盗み見たパスワードを入れてゲームをダウンロードし、課金されていたのです。Bちゃんはお金を払っているという感覚はまったくなく、ゲームを進めていたようです。

**西村先生
教えて！**

ケース1のAくんのパパのそのゲームでは、すでにクレジットカードの情報を入力したことがあって、それが残っていたんですね。お店で対面で買い物する限りは子どもが親のクレジットカードを使えることはなかったわけですが、今はこうやって知らないうちに使えてしまうんですね。息子が幼いころには考えもしなかったトラブルです。クレジットカードを使うということは、お金を借りるということだと、子どもに早いうちから伝えなくてはならないということですね。

一度スマホに入力したクレジットカード番号は一定期間有効になっていて、子どもが勝手にゲームのアイテムを購入できたりするようですね。まずは、「クレジットカードを使うことは現金での買い物と同じだということ」「クレジットカードは、カード番号だけで買い物ができること」を子どもにしっかり教えることが必要です。

国民生活センターでは月1回程度、子どもに起こるトラブルを無料のメールマガジン「子どもサポート情報」で配信しているんです。これに登録して新しい情報にも気をつけるといいと思います。登録はパソコンでもスマホでも、「子どもサポート情報」で検索をしてください。登録用フォームから登録できます。

また、子どもがトラブルにあわないための国民生活センターの対策もご紹介しておきます。

●インターネットについて家庭内のルールをつくりましょう。
●子どものインターネット利用に関心を持ち、何でも話せる環境を。
●フィルタリングやゲーム機などの端末のペアレンタルコントロール機能を活用しましょう。
●インターネットでの支払い方法について知りましょう。特にクレジットカード情報の保管はしっかりと。必ず利用明細の確認を。
●トラブルにあったらすぐに親子で最寄りの消費生活センターに相談しましょう。

消費者ホットライン　188

子どもにリアルなお金の感覚をつけさせてあげるには？

以前はゲームをやると、バーチャルな世界と現実の世界の区別がつかなくなるとよく心配されていました。特に暴力が心配されていましたね。また、オール電化の家に住んでいるなど、本物の火を見たことがない子どもも増えているということも、かつて話題になっていました。それが最近ではついにお金も実感しにくくなってしまいましたね。今ではSuica（スイカ）などの電子マネーの普及で、私たち大人だって電車代をリアルに把握しにくくなっていますよね。ましてや子どものころからSuicaなどでどこへでも出かけていたら、お金をさわる機会も激減してしまうのが気がかりです。

そうなんですよね。昔は現金がおさいふから見えていたから、距離感がつかめて「あそこへ行くのに500円もかかるんだ。じゃあやめよう」とか考えられた。でも今ではオートチャージにすれば無制限に使えるので、金銭感覚というかその行為や物の価値、重みがわからない。とにかく必要なものをとってきて、Suicaなどで買ってしまうこともできる。かといって子どもに現金を持たせたほうがいい、と一概には言えないからむずかしいですよね。電子マネーを使えば、限度を決めて子どもにお金を持たせられるし、子どもだけで出かけても比較的安心だから。

うちでは、高校から「必要なもの」のためのお金を増やしたときに、自分でおこづかいから必要額を見積もってPASMO定期券にチャージさせるようにしました。

それはできますよね。小・中学生でもできるいい方法ですね。

小学生だったら、おこづかいから電子マネーに入れておく使い道と金額を親といっしょに決めるといいですね。それでいっしょにチャージしに行く。最近、首都圏では塾や習い事に小学校低学年からひとりで行かせることも結構あるようで、持たせた電子マネー（Suica、PASMOなど）を使って自販機でジュースを買ったり、コンビニでお菓子を買って友だちに配ったりなど、勝手に使い込むという悩みを多く耳にします。その対策にもいいと思うんです。

西村先生
教えて！

そうですね。そうすれば、基本的には友人間の金銭の貸し借りや使い込みはなくなりますよね。友だちにカードを渡してしまわない限りですが。今はそんなふうに、お金の重みを感じてもらうには、しかけが必要でしょうね。

生活が便利になった分、親は手間をかける必要があるということなんですね。

これからはキャッシュレス化がますます進むと思います。キャッシュレス先進国のスウェーデンに比べると、日本はまだまだ遅れています。スウェーデンでは子どものおこづかいも電子マネーであげていて、現金を使うのは高齢者だけなんです。でも2019年に訪れたときに、スウェーデンの銀行のある支店長は、そんな中でわが子にはあえて現金でおこづかいを与えて、金銭感覚を育てていると話していました。

子どもにリアルなお金の価値を伝えるには、やはり努力が必要なんですね。

幼児期には親子で模擬硬貨づくりやお店やさんごっこをするといいですね。おこづかいを定期的にスタートしたら、もちろん現金であげましょう。低学年は100円玉がいいでしょう。

小学生には先生の監修されたマネー教育用のゲームもおすすめですね。
「おかねがたまる！　ハンバーガー屋さん」
https://www.people-kk.co.jp/toys/chiiku/okaneburger.html

5才くらいでも十分楽しめると思います。

第3章

「おこづかいプログラム」の考え方

この「おこづかいプログラム」の特徴

目的 子どものマネー教育

将来大人になって自立したときに家計を自分でマネジメントできるようになるために、年齢に応じて身の丈に合った金額を使ったり、管理したりの練習をするためのものです。

特徴1 親はおこづかいを支払い、子どもは“家の仕事”を引き受ける

おこづかいは、子どもが家族として責任をもって“家の仕事”を自分で決めて引き受けて遂行する、その「責任」に対して支払います。

特徴2 親子そろっておこづかい「会議」を開いて、金額と子どもが引き受ける“家の仕事”を、両者合意のうえで決める

親が決めて子どもに言い渡すといった一方的なものではありません。親子のフェアなコミュニケーションの場です。この会議は子どもへの説教の場ではありません。イライラした態度などは見せずに、あたたかく忍耐強い冷静な態度で臨みます。

特徴3 おこづかいには、子ども自身の「ほしいもの」のためのお金のほかに、「必要なもの」のためのお金、「貯金」のためのお金、「寄付」のためのお金を含める

今までのおこづかいといちばん違うのはここです。費目を分けて渡すことによって、自然に予算管理の意識が育ちます。

特徴4 おこづかいでまかなう裁量を年齢に応じて大きくしていく

年齢や状況に応じてちょっとずつ一人前の金銭管理に近づいていけるように、裁量のある金額を増やしていきます。

おこづかいはマネー教育に最適なツール

この「おこづかいプログラム」は、マネー教育のためのものです。うまくやれれば、おこづかいほど有効なマネー教育のツールはほかにはありません。小さいころから長い時間をかけて、年齢に合わせてちょっとずつ大きなお金を扱っていくことで、子どもは自分に合った適切なお金の使い方を自然に身につけていくことができますし、長じるにつれて、お金という窓を通して社会への関心も自然に育てていくことができます。

子育ての中で覚えておきたい大事な知恵のひとつに、「何でも小さいころの失敗のほうが取り返しやすい」ということがあります。おこづかいでなら家庭という安全基地の中にいるうちに、たくさんの小さな失敗体験を積ませてあげることもできます。「小さい失敗体験を積む」ことが〝おこづかい〟の目的だといってもいいぐらいかもしれません。

また小さい子どもは、楽しくないことはなかなかできません。しかし、この「おこづかいプログラム」では、大人になった気分に胸をふくらませて取り組めるしかけがたくさんあり、家庭の中で小さな大人社会を疑似体験できるので、喜んで取り組めるはずです。家庭の中に〝キッザニア〟があるようなものだと思えばいいでしょう。

しかし、そのためには親も「このおこづかいプログラムをやり抜く」と、しっかり決める必要があります。キッザニアを運営している会社が、仕事として責任をもって楽しい、そして子どもが「本物だ」と感じられる体験プログラムを提供しているのと同様に、親にも責任をもってこのプログラムをわが子に提供してほしいのです。親が本気で取り組むことがこの「おこづかいプログラム」の成功には欠かせません。これは親子双方にとってのプロジェクトなのです。

マネー教育は お金の取り扱い方を教えること

最初この本は「金銭教育」の本として書き始めました。しかし最終的には「マネー教育」という言葉で置き換えることにしました。きっかけは西村先生から、日本では今、金銭教育という言葉は金融教育という言葉に置き換えられようとしているのだと教えてもらったことです。「知るぽると」で知られる金融広報中央委員会では、金銭教育を金融教育という表現に改めたのだというのです。金銭教育がわりとしつけ的な子どもの生き方中心だったのに対して、金融教育は政府が要請している貯蓄や投資、リスクマネジメントなど金融経済社会への参画のめざめをつくっていきたいという意図を受けて出てきたのだとか。しかし「金融」という言葉は、「子どもがお金とじょうずにつきあえるようになるため」という、私の本来の意図を伝える言葉としてあまりぴったりきません。困っていたところ、「世界の潮流はマネーリテラシー、つまりお金の取り扱い方を子どものうちにしっかり身につけさせるということだから、マネー教育という言葉にすればぴったりするのではないか」

と西村先生。というわけですべての意味を込めて「マネー教育」を使っています。

少し話が戻りますが、金融広報中央委員会による金融教育の定義は「お金や金融のさまざまなはたらきを理解し、それを通じて自分の暮らしや社会について深く考え、自分の生き方や価値観を磨きながら、より豊かな生活やよりよい社会づくりに向けて、主体的に行動できる態度を養う教育」です。

こう書くとかたくてわかりにくいけれど、つまりは「お金のことをよく知り、お金とじょうずにつきあっていけるようになるよう」子どもを教育するということだと思います。小学校低学年の子に大きな金融の流れを理解せよということではありません。年齢相応に自分の裁量のあるお金を持ち、使い道を熟慮して成功したり失敗したりをする中で、体験を通じて学んでいくということだと思います。

西村先生も

「要は、世の中でお金がどういうふうに使われているか、世界をお金がどう流れているかといったことを発達段階に応じて理解していけばいい話です」

と言います。おこづかいこそが、社会のしくみや大きな金融の流れのとっかかりだということなのですね。

「おこづかいプログラム」で子どもに伝えられるマネー教育

ちょっとむずかしい話になりましたが、くだいて言うと次のようなことです。

「おこづかいプログラム」で子どもに伝えられること

1 人はお金を得るためには働かなければならない。（お金は木にならない）

2 お金を何に使うかをちゃんと考えなくてはいけない。（計画的に）

3 ほしいものがすべて手に入る人はたぶんいない。
（取捨選択が必要である。優先順位をつけて自分が納得いくように使う）

4 お金には責任がつきものである。

5 お金があればいろいろなものが買える。

6 お金は簡単になくなってしまう。間違って使われることも多い。

7 未来のために、持っているお金の何割かは貯金しなくてはならない。

8 地球の未来のために、環境や社会的弱者にも配慮してお金を使わねばならない。

からの提案がすんなりと受け入れられるコミュニケーションのよさの土台は、このおこづかいプログラムを長年にわたって共有してきた、〝価値観〟の一致によるものだったのではないかと思っています。

私は、「人は（うちは）働かなければ食べていけない」ということと、「人はやらねばならないことを、やりたいことより先にやらねばならない」「人は自分の身の回りのことは自分でするものだ」ということを、この〝家の仕事〟の責任とセットにして、伝えるようにしていました。

この「おこづかいプログラム」があったおかげで、これらのこともとても説得力をもって伝えられたと思います。彼は自然と「人は働き、家事をやって生きていくもの」という親の価値観を受け入れていたのだと思います。

特徴2 親子そろって「会議」を開いて、金額と子どもが引き受ける〝家の仕事〟を、両者合意のうえで決める

なんと！ 最後は契約書まで交わします。アメリカっぽいですよね。

アメリカではネット上でいくつかこういった「おこづかい契約書」が見られます。

私は息子が低学年だった、いちばん最初にきちんと交わしました。そのころは「おままごと」的大人になった喜びが味わえてよかったかなと思うし、普通の約束よりも重い契約という約束があることを子どもに教えるいいチャンスだったと思います。

2020年からは、小学校5年生の家庭科で売買契約を教わるようになりました。それを受けて中学校でも高校でもさまざまな契約について学ぶようになりました。子どもが契約を実感するのはむずかしいので、このおこづかい契約書は、〝契約〟に触れるよい機会になると思います。この機会にしっかりと重みを伝えておいてあげましょう。

それから、親にもちゃんと責任をもって約束を交わしてもらいたいので、契約の意味をかみしめて臨んでください。親にも覚悟がいるこのプログラムをやり抜く決意を、ここでしてほしいと思います。

特徴3 おこづかいには、子ども自身の「ほしいもの」のためのお金のほかに、「必要なもの」のためのお金、「貯金」のためのお金、「寄付」のためのお金を含める

もう1つ、この「おこづかいプログラム」の大きな特徴は、「おこづかい」を今までより広く考える、ということにあります。

日本のおこづかいは、〝子どものちょっとした楽しみのための自由に使えるお金〟と考えている人が多いようですが、このプログラムのおこづかいは日本のおこづかいの意味である

1 「ほしいもの」のためのお金（＝wants）

に加えて

2 「必要なもの」のためのお金（＝needs）

（1・2 ＝spend）

3 「貯金」のためのお金
（短期的な貯金・長期的な貯金）（＝save）
4 「寄付」のためのお金（＝share）
から成り立っています。

［図１］これまでの日本のおこづかいと「おこづかいプログラム」の違い

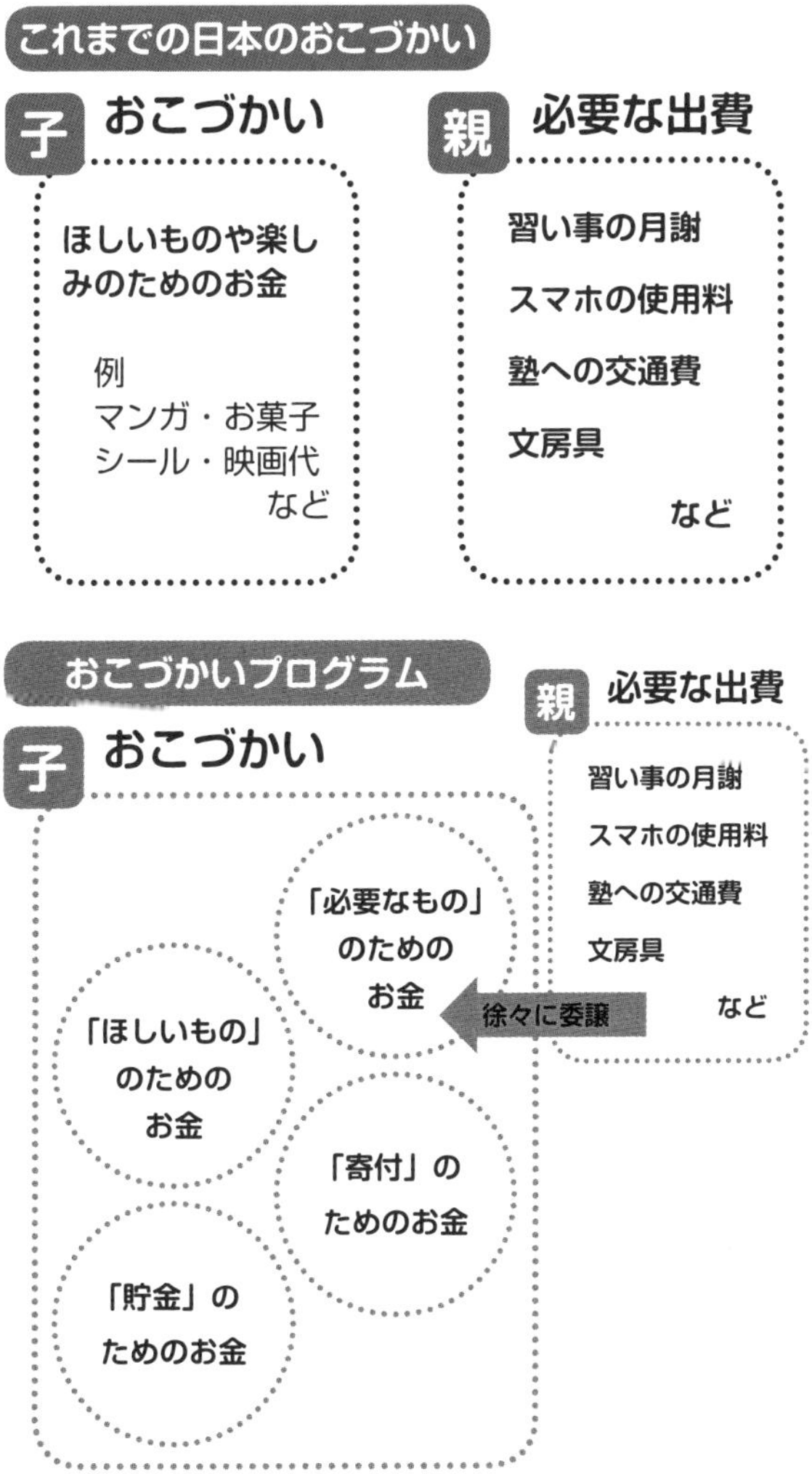

『おこづかい練習帳』のもととなったキットはアメリカのものなので、おこづかいにはアメリカ式にランチ代などの、親が出してやるべき必要な出費のためのお金が含まれていました。この考え方が当時の私にはわかりにくかったのですが、それは日本のおこづかいは子ども自身の楽しみのためのお金だけを意味することが多いからだと気がつきました。

おこづかいがマネー教育のツールとして役立つためには、ある程度大きな金額を自分で動かしたり管理したりする必要があります。日本のおこづかいと違って必要品まで自分で払うようにする【図1】ことで、特徴4の年齢に応じて裁量を上げていくことにも対応しやすくなるのです。つまり「18才ギャップ」へ対応できるように自然に移行させられるのです。

計画性を育む「貯金」のためのお金と他者への配慮を学ぶ「寄付」のためのお金

もとになった「おこづかいシステム」が本当によくできていると思わせられるのは、「貯金」のためのお金と「寄付」のためのお金のあり方についてです。

「貯金」のためのお金を、あらかじめ金額を決める際に割合で考えて乗せておくのですが、まさにこれこそが先の調査のアメリカ人大学生たちの「計画性」のもとなのではないでしょうか。もらった「ほしいもの」のためのお金を自分から割くのではなく、あらかじめ乗せてあることで、小さい子でも特に意識せず貯金することができるでしょう。

こうすることで、あいまいさはなくなり、貯金は収入の一定割合を「できたら」ではなく「必ず」するものだということを体で理解させることができるのです。また、貯金は「余ったら」「余裕があったら」するのではなく、「収入から先に取っておく」ものだということも同時に伝えることができるでしょう。

ファイナンシャルプランナーの畠中雅子先生によると、人生のどんな時期でも、会社員なら家計の最低でも10%、収入に変動のある自営業の人なら15%は貯蓄しなくてはならないものなのだそうです。最終的にはそこへもっていけることがゴールなのです。

「寄付」のためのお金は、おそらく教会の日曜礼拝の献金がもとではないかと思います。宗教的背景が薄い今の日本社会では、子どもに「市民的自立」のための教育ができる親は少ないかもしれません。私もあまり自信はありませんでした。しかし、これを加えて赤い羽根やユニセフの募金、さまざまな被災地支援、さらにフェアトレード商品の購入などにお金を出す習慣を子どもにもたせてあげることは、これからの地球の未来を考えるうえで重要ではないかと思っています。

特徴4 おこづかいでまかなう裁量を年齢に応じて大きくしていく

18才で親の家を出て、一人暮らしを始めたとき、食費や光熱費、家賃などの支払いがそれまで自分でマネジメントしていたおこづかいに自然に乗せられるように、というのがゴールです。そのときに一気に金額が増えて思いがけないお金の管理に戸惑わないように、高校卒業までにある程度のところまで自分でやりくりできるようにしておくのがいいと思います。また18才で結婚して家計を預かる子だっているかもしれません。そのときに、このプログラムできちんとやっておけば、よりスムーズにいくはずです。

［図２］おこづかいの裁量の増やし方のイメージ

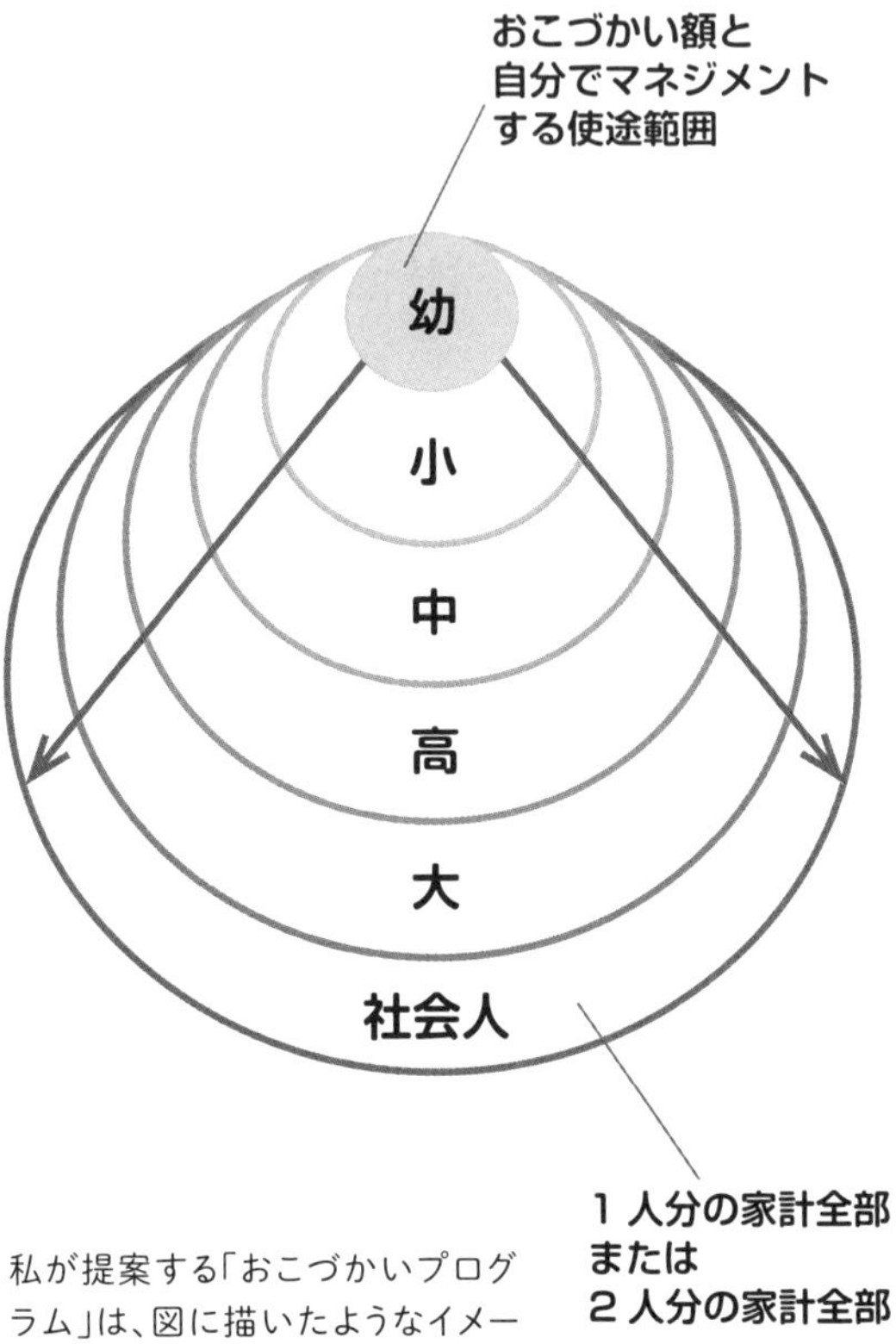

私が提案する「おこづかいプログラム」は、図に描いたようなイメージのもの。年齢や状況に応じてちょっとずつ一人前の金銭管理に近づいていけるように、裁量のある使途や金額を増やしていきます。こうしていくことで、第2章で触れた大人デビュー時の「18才ギャップ」をできるだけ小さくして、なだらかに移行していけるようになるのです。

このおこづかいの中でいちばん特徴的なもので、かつそれがこのプログラムのキモともいうべき部分なのですが、それは**2**の「必要なもの」のためのお金（＝ｎｅｅｄｓ）の存在です。これは、子どもにとって本来必要な出費で、親が出すべきものです。小さいころなら、ノートやえんぴつなどの学校で使う文房具代、少し大きくなってくれば習い事や塾への交通費やおやつ代、もっと大きくなってくれば、部活動の遠征のための費用やおやつ代、昼食代など。年齢が上がれば上がるほど、子どもは家で親といっしょにいることが減りますから、大学生になれば昼食代も必要です。そういった費用のことです。

もし親がいずれにせよ出費せざるを得ないものであれば、それを最初から子どもに渡しておくか、そのつど払うかの違いだけなのですが、これを年齢やその子の責任能力に合わせておこづかいとして先に渡します。

［**図2**］のように、年齢発達に合わせて、子ども自身が自分の生活にかかるお金を知り、管理して使えるように、任せる使途の範囲を拡大していきます。そうしてやがては家計全部を自分で管理して生活していくことができるように導いていくのです。

もちろん、「ほしいもの」のためのお金や「貯金」のためのお金なども、年齢に応じて相応の割合で増やしていかなければなりません。

息子に大学生までおこづかいをあげ続けてみると、小学生のときには想像できなかったほど、子どもに必要なお金が多くなるものなのですが、それも子どもにあらかじめどんどん渡すようにしていくのが実はうまくいくコツだと気がつきました。ここがこのプログラムのもう1つのキモだと思います。

親がお金がニガテでも マネーリテラシーのある子どもに育てられます!

本を書くたび、自分の恥ばかりをさらしていますが、私はお金コンシャスな人間ではまったくありません。会社員で共働きだった時代は、忙しいこともあってどんぶり勘定でした。今でこそ、ある程度ちゃんとやっていますが、実は大事なことはこの「おこづかいプログラム」を通して学んだかもしれないと思っています。

子育てでむずかしく、残念なことのひとつは、親自身がもっていない力はなかなか子どもにもたせてあげられないということ(子どもの側に親よりずっと才能がある場合は話が違いますが)。人間を含めて、動物は基本的には「マネ」を通じてすべてのことを学ぶからなのでしょう。

でも、この「おこづかいプログラム」とめぐり合ったおかげで、私は自分たち親にはあまり備わっていないものを、わが子に手渡すことができたんです! と同時に自分たちの金銭管理も改善することができました。

このあとを読んでいただくとわかりますが、最初はちょっとめんどうに感じるかもしれません。

親も覚悟がいります。でも長い年月の初めのわずかな期間だけのことです。最初だけちょっとがんばってみてください。そのうちラクになりますし、子どものほうがきちんと成長するので、そういう意味で本当に心配がありません。この手間暇がきっと将来大きな力となると思いますので、やってみてほしいと思います。

また、この本で提案している「会議」のやり方や契約は、親子のコミュニケーションの理想のあり方の提案にもなっているかと思います。この「おこづかいプログラム」は、思った以上にいろいろなことを私に教えてくれました。ぜひお子さんとのやりとりを楽しみながらやってみてほしいと思います。親子のいい絆づくり、信頼関係を築くツールにもなっていた、と今振り返ってみてわかるからです。

寄付(share《シェア》)する習慣を子どもに

この本の特徴のひとつが、おこづかいの中に寄付（share）を含めているところです。英語では寄付とはdonateですが、今回この本で寄付のところにshare(シェア)と入れたのは、西村先生からのご提案。shareとすると寄付を広く“分け合うもの”として捉えることができるからです。本来はshareには家族や友だちへプレゼントを購入することも入るのだそう。自分ではない他者のために使うお金のことだとか。西村先生も

「今はSDGs（2015年に国連で採択された持続可能な開発目標のこと。2030年までの達成を目指しています）の世の中ですし、寄付という行為が案外身近になってきている。災害があると『ドラえもん募金』などいろいろ始まります。やはりお金は自分だけのためでなく、他人や社会にも役立つ使い方をすることは教えておきたいですね」

と、寄付（share）の重要性を説きます。SDGsには17の目標がありますが、その1番目が貧困をなくすこと、2番目が飢餓をなくすこと。

「日本だけを見ているとわかりにくいけれど、世界を見渡したときに実際に貧困や飢餓に苦しんでいる人がいて、毎日2万5000人もの人がそのために亡くなっています」

と西村先生。私も2016年にマダガスカルへ旅行したときに、子どもの半分強しか小学校を卒業できないこと、学校へ行かなかった子どもがティーンエイジャーになったときに、職業がないために、私たちのような観光客を襲うこと、そのために現地のガイドさんなしに街を歩けないことなど、厳しい現実に接したことが今でも忘れられません。

この本では、おこづかいから寄付（share）のためのお金に全体の5%をあてようと、提案しています。7才の子どもなら、たとえば週35円を貯めて1年に1回募金団体に寄付をする。そのときは親もお金を足していっしょに寄付をするといいでしょう。西村先生のおすすめは日本ユニセフ協会、日本赤十字社、赤い羽根募金などとのこと。また最近はクラウドファンディングも広い意味での寄付と考えてもいいと言います。

「私が最近やったのは焼失した首里城再建のためのクラウドファンディングへの出資です。5000円送りました。クラウドファンディングはリターンがある場合もあるのですが、これはノーリターン。それが総額10億円近くになり、目標額を大きく上回ったのだそうです。ただし今はたくさんのクラウドファンディングがインターネット上にあって玉石混淆《ぎょくせきこんこう》のように思います。どんな団体だかよく調べて、疑わしいものは避けることも大事ですね」

親子で募金をしたり、クラウドファンディングをしたりする。そんな生活ができたら子どもに寄付=share（シェア）する習慣を伝えられそうですね。

第4章

おこづかいのあげ方 1

おこづかい額をどうやって決める?

おこづかいをあげるまでの流れ

STEP 1 「おこづかいプログラム」を親子ともによく理解する

まずママやパパが、この『子どもにおこづかいをあげよう!』をしっかり読んでください。納得してこれでやってみようと思ったら、お子さんにこの本の第1章のマンガを読んでもらいましょう。お子さんが小さい場合は、いっしょに読んであげましょう。

STEP 2 おこづかい「会議」を開く

参加者
- ○ **親**(できれば両親)
- ○ **おこづかいをもらう子ども**(きょうだいがいても1人ずつ)

用意するもの
- ○ **この本**
- ○ **1週間の支出額のリスト**(大きい子はあらかじめ用意する)
- ○ **おこづかいヨサンワークシート**—p.48のものを1部コピーしておく
- ○ **おこづかい契約書**—p.49のものを1部コピーしておく
- ○ **シゴトカレンダー**—p.51のものを1部コピーしておく
- ○ **紙と筆記用具**

お子さんも「おこづかいプログラム」をやってみたいと言ったら、いよいよ具体的なプロセスの始まりです。しっかり話し合えるだけの十分な時間をつくり、親(できれば両親)とおこづかいをもらう子ども(きょうだいがいても1人ずつ別々に)がそろってテーブルにつくことが必要です。

この会議で、**おこづかいの金額**と、**子どもが引き受ける"家の仕事"**を決めます。**ボーナスの金額**と**そのための"家の仕事"**も決めましょう。親子で合意したら、**契約書**をおごそかに交わします。

そのあと、子どもが"シゴトカレンダー"を作るのを手伝ってあげましょう。

STEP 3 おこづかいを支払う

親は、契約書に定めたおこづかい日に、おこづかいを支払います。できれば時間も決めて守るとなおいいでしょう。

おこづかいは費目ごとに分けて管理するようにしますので、分けられるよう小銭をいつもおこづかい用にプールしておきましょう。

この「おこづかいプログラム」では、何より「親がきちんと約束を守ること」が重要です。率先して約束をきちんとはたす姿を見せるいい機会です。土曜日や日曜日など、親も余裕がある休日の朝に支払うのがおすすめです。

私はとある人気キャラクター形のふたつきあき缶(お菓子が入っていた)に、意識して100円玉などの小銭を貯めるようにしていました。小銭の用意も含めて、いつでも気持ちよく支払うこともこのプログラムの大事な部分です。

おこづかい「会議」を開く前に親が考えておきたいこと、知っておきたいこと

大前提

① 家計に無理のない金額で決める

これはおこづかいをあげるときの大前提です。実際に子どもと話し合う前に、親側の予算をある程度の幅で考えておきましょう。今実際に子どものために使ったり、子どもにあげたりしているお金とだいたい同じくらいが適当でしょう。

② 大きい子どもは通常年下の子どもよりは、多くのお金を必要としているものです

これは当然ですよね。言うまでもありませんが、きょうだいの金額で迷ったときのために書いておきます。また、成長につれてもおこづかいの金額を大きくしていく必要があるということです。

③ 子どもにとって「ちょうどいい金額」を設定すること

「ちょうどいい金額」とは、子どもが「おこづかいをもらえるっていいな」と思える金額だけれど、誕生日やクリスマスでないと買ってもらえないような高額のおもちゃが買えてしまうほどの金額ではない、ということ。多すぎると、ボーナスの魅力が減ってしまうでしょう。逆に、少なすぎて、必要不可欠な支出を引いた残りだと、せいぜい駄菓子が1個か2個買えるだけ、というようでは、「おこづかいプログラム」にがんばって取り組もうという気持ちをもち続けることがむずかしくなってしまいます。このバランスをとって「ちょうどいい金額」を設定することが、むずかしいけれどとても重要。これこそが「おこづかいプログラム」成功に不可欠な条件なのです。

何才だったらいくらぐらい？

年齢に応じた適切な額の目安はあるの？

子どもの年齢×100円=おこづかい額／週

例：7才の子どもなら
7才×100円=700円／1週間

予算の内訳の目安は……

	%	
①「ほしいもの」のためのお金	20%	140円
②「必要なもの」のためのお金	40%	280円
③ 短期的な貯金	20%	140円
④ 長期的な貯金	15%	105円
⑤ 寄付のためのお金	5%	35円
合計	100%	700円

ここでは、各学年の年齢をその学年になる年齢で考えています。だから小学校1年生なら7才です。7才で1週間のおこづかいが700円だと、1カ月では2800円。多くて驚かれたことでしょう。でも、「えー！　こんなのダメダメ」とやめてしまうのはちょっと待って！

今までの日本のおこづかいは「ほしいもの」のためのお金だけだったと考えると、この「おこづかいプログラム」でも1週間140円で1カ月でも560円なんです。これなら「知るぽると」で調査した小学生のおこづかい平均額とそう変わらないのですから。「必要なもの」は、この金額でまかなえるものを任せてください。月刊のマンガ雑誌を購入しているときの考え方はあとでくわしく説明します。

西村先生の「おこづかいプログラム」スタート適齢期※は5才から6才になる年（幼稚園なら年長さん）ですが、それ以下のお子さんは、「ほしいもの」のためのお金だけの金額でスタートするといいかもしれません。いずれにせよ、わが子ができるかどうかをよく見極めて決めてください。

気をつけてほしいのは、この目安は、あくまでも目安だという点です。ご家庭の状況や、お子さんの趣味や活動範囲によって、必要になる金額は変わってきます。基本は、支出リストを参考にして洗い出した、そのお子さんが今まさに実際に使っている金額をもとに考えることです。実情を優先して、金額は随時変更してください。ただし、今まであまりにお金を使わせすぎていたのを改めたいときは、この金額を参考に下方修正するのも、もちろんありです。

※p.52コラム参照

金額の決め方

子どもと時間をかけて相談して、実際に使っている金額をもとに決める

おこづかい額の外枠は見当がつきましたか？
親側の心づもりとしての予算を立てておきましょう。
ここまではおこづかい「会議」の前にしておいてください。
次からが、親子で開くおこづかい「会議」で行うことです。

おこづかい「会議」では、親子がいっしょに、慎重に話し合って決めます

おこづかい「会議」での金額を決める手順

手順 1 **おこづかい適齢期を迎えた子ども1人ひとりが実際に使っている金額、おこづかいとして必要な金額を割り出してみます**

ここはちょっとしんどいけれど、このおこづかいのポイントです。しっかりと取り組んでくだ

さい。週給制なら1週間に、月給制なら1カ月にかかるお金を項目ごとに全部書き出してみましょう。大きな子どもには、定期的な買い物や支出を含めて1週間にかかるお金を事前に書き出させておきましょう。ひとりではできない小さい子どものリストは、会議で親が本人の意見を聞きながらかわりに、またはいっしょに作ります。次に支出の例をあげましたので、それと、48ページの〝おこづかいヨサンワークシート〟を参考にして、子どもとよく話し合いながらリストアップしたり、あげた項目が適切かどうかなどを話し合ってください。ほかに「うちではこれが大切

支出の例

1	貯金
2	おやつ代（高校生、大学生は昼食代）
3	募金代
4	文房具などの学用品
5	遊びのお金 （本、映画、おもちゃ、その他レクリエーション代）
6	個人的なぜいたく品 （特別なシャンプー、食べてみたいお菓子、必要ではないけれどほしい文房具やバッグなど）
7	野球などの地域のスポーツチームの会費や保険代
8	練習試合や塾へ行くときの交通費
9	友だちや家族への小さい贈り物

大きくなってきたら次のような出費も
調整して出すか検討してください。

10	洋服代
11	大学進学のための貯金
12	部活や趣味のために必要な道具類
13	スマホの使用料

"おこづかいヨサンワークシート" p.48

だ」と思う項目があれば加えてください。支出の例から必要ないものは削ります。

幼い子どもであればあるほど、支出項目を少なく、シンプルなものにしてください。たとえば小学校入学前の子どもの場合は、支出の項目をより少なくしたほうがいいですね。もっと幼いお子さんには、ほんの少しの項目だけを残して、あとはすべて消しましょう。

アメリカでは教会への献金などの、寄付の習慣があります。日本でそれをことさら意識して習慣化している家庭は少ないでしょうが、「市民的自立」度を上げるためにも、ぜひ寄付の習慣も子どもに教えてあげたいものです。学校でも赤い羽根やユニセフへの募金の要請はあるでしょう。突然の災害などがあったときにも寄付できるよう、日ごろから募金のための貯金をする習慣をつけましょう。また、寄付という形ではなくても、社会のために使うお金と考えて、フェアトレード商品を購入するのもいいですね。

手順② 決まった項目を、用意した〝おこづかいヨサンワークシート〟に分類して書き出し、それぞれいくら必要か、金額を見積もってみましょう

①で洗い出して決まった、お子さんが1週間に必要としている出費の項目を、〝おこづかいヨサンワークシート〟に記入しましょう。

それから、その出費の項目ごとに「1週間（または1カ月）にこれくらい必要」と思われる金額を書き込みます。

必ずしも、毎週使うわけではない支出（毎月1回買う月刊マンガ雑誌など）もあるはずです。その場合は月額や場合によっては年額で見積もり、月額なら4で、年額なら52で割って、1週間の額を出してください。

すべての必要金額が出せたら、それぞれの項目ごとに小計を出し、最終的な合計額を「おこづかい額」のところに書き込みます。

もし、この「おこづかい額」が無理なく家計から出せるなら、これが子どもの1週間のおこづかい額になります。検討してみてこの金額が高すぎる場合は、支出の項目に戻って再検討してください。削れそうな支出品目を少し削ったり、再度つけ加えるなどの作業をして納得のいく額に修正するといいでしょう。こうして決まった「おこづかい額」で、子どもは必要なもののすべてをやりくりするのです。

〝おこづかいヨサンワークシート〟に決まった金額を書き込み、それをコピーして、1部はお子さんが保管して、必要なときに見られるようにしてあげましょう。もう1部は親の控えです。なくさないよう、きちんと保管してください。

“おこづかいヨサンワークシート” p.48

おこづかいの内訳は次の5つに分けて考えます

①「ほしいもの」のためのお金

従来のおこづかいでまかなっていたようなものです。親が買ってあげている必要なもの以外で、本来は不要だけれどどうしてもほしいものなどがここに入ります。

例
- ●お菓子代やジュース代
- ●マンガ本代
- ●ゲームやおもちゃ、少し大きくなってからは映画やボウリングなど友だちと出かけるときのお金
- ●ちょっとした嗜好品：必要な文房具ではないが、ほしいおしゃれな文房具やシール、大きくなってからはアクセサリーや必需品以外の洋服代など
- ●趣味にかかるお金

②「必要なもの」のためのお金

必需品、必要経費で、親が出すか子どもが出すかの違いはあっても必ずある支出です。大人になれば生活費と呼ばれるものです。子どもなりの生活費と考えるといいかもしれません。年齢によって、おこづかいでまかなわせる項目を増やしていき、いずれ全部手渡すのが理想。これは任せる分だけの金額を「ほしいもの」のためのお金と「貯金」のためのお金を合わせたものに、乗せると考えてください。

例
- ●文房具代：学校で使うノートやえんぴつなど
- ●習い事や塾へ行くときの交通費やそのときのおやつ代など

③短期的な貯金

週給でおこづかいをあげていると、月刊誌はどうするのか?という問題が起こってきます。また月給でも、毎月は買わないけれど、数カ月に1回は発売になるコミックスなど、予測はされるけれどいつもではない、または不定期である、そんな出費に備えるための貯金です。近い将来に必ず使うために貯めておく、そういう目的の貯金です。家族のプレゼントのための貯金もこちらに入ります。

例
- ●月刊のマンガ雑誌や、数カ月に1回発売のコミックスを定期的に購入しているなど、週単位または月単位で決算できないもののお金
- ●家族や友だちの誕生日や父の日や母の日などのプレゼント代

④長期的な貯金

こちらは、おこづかいでは買えない大きなものを買うといった目的のためや、特に目的はないけれど、いざというときに使えるお金があるようにするための貯金です。

例
- ●ゲーム機など値の張るものを買うためのお金
- ●今は特に思い浮かばないけれど、今後ほしくなるであろう楽器やスポーツ用具、行きたくなるであろう旅の費用などのためのお金

⑤寄付のためのお金

「市民的自立」を目指して、社会のために使うお金も盛り込みます。

年齢の大きなお子さんの場合の次のお金は以下の項目の可能性があります。
●洋服代→①、②へ　●大学進学準備貯金→④へ
●趣味や特別な興味のための道具類→①、②、③、④へ　●スマホの使用料→②、③へ

考え方のプロセスの例

7才の女の子の場合で考えてみます。

100×7＝700円 で週700円がおこづかい額になります。
理想の配分を下にあげます。

①「ほしいもの」のためのお金	20%	140円		
②「必要なもの」のためのお金	40%	280円		
③ 短期的な貯金	20%	140円		
④ 長期的な貯金	15%	105円		
⑤ 寄付のためのお金	5%	35円	合計	700円

ところが、この子は**毎月だいたい620円**のマンガ雑誌を買っていたとします。
これは**③の短期的な貯金**からあてるべきものですが、
140円×4=560円と全然足りません。
どうするかはそのお子さんの実情に即して判断してほしいのですが、
たとえばこれも楽しみのためのお金だからと考えて、各週の「ほしいもの」のためのお金を120円とし、**毎週20円ずつを短期的な貯金に**まわします。
(140+20)×4=640円で雑誌代は捻出でき20円までの値上がりに対処できるようになります。

①「ほしいもの」のためのお金	120円		
②「必要なもの」のためのお金	280円	20円分移動（①→③）	
③ 短期的な貯金	160円		
④ 長期的な貯金	105円		
⑤ 寄付のためのお金	35円	合計	700円

でもこれでは、短期的な貯金でほぼマンガ雑誌しか買えず、プレゼント代などが出ません。

そこで、**「ほしいもの」のためのお金をあと20円減らして**100円にして、短期的な貯金にまわします。

すると、**160+20=180円**が短期的な貯金になります。

①「ほしいもの」のためのお金	100円	20円分移動（①→③）	
②「必要なもの」のためのお金	280円		
③ 短期的な貯金	180円		
④ 長期的な貯金	105円		
⑤ 寄付のためのお金	35円	合計	700円

目安の金額700円を守って、この金額に決めてもいいでしょう。

しかしバランスを再検討すると、雑誌代が620円なので、短期的な貯金が1カ月でわずか100円しかできないことが気になります。本来は週140円ほしいところだったので、少し上乗せして月200円は貯金することにすると、短期的な貯金は週205円になりますが、それだとあげにくいので

①「ほしいもの」のためのお金	100円		
②「必要なもの」のためのお金	280円		
③ 短期的な貯金	**210円**		
④ 長期的な貯金	105円		
⑤ 寄付のためのお金	35円	合計	**730円**

と30円だけ総額を多くして、短期的な貯金を210円にする方法もあります。

もちろん、620円の雑誌はこれまでも親が買ってあげていたものだからと4で割って短期的な貯金に足すという方法で解決するご家庭もあるかもしれません。その場合は、週155円足すので

①「ほしいもの」のためのお金	140円		
②「必要なもの」のためのお金	280円		
③ 短期的な貯金	**295円**		
④ 長期的な貯金	105円		
⑤ 寄付のためのお金	35円	合計	**855円**

この場合多めに払っているので、5円はまけてもらって短期的な貯金を290円にし、総額を850円にするほうがいいかもしれません。

親の小銭の用意しやすさも、「おこづかいプログラム」を続けるための大事なポイントですから、そこは自分の払いやすさも考えてください。

この「おこづかいプログラム」が週給制なわけ

おこづかいは必ず定期的にあげてください。特に週給制がおすすめです

金融広報中央委員会の「子どものくらしとお金に関する調査」(第3回・2015年度)によると、おこづかいのもらい方は、「ときどき」という不定期であることを示す回答が小学校低学年では6割弱、中学年では5割弱となっていて、どちらもいちばん多い割合を占めています。また、小学校高学年では、「ときどき」の38・3%に対して「月に1回」という定期的なものが45%とかろうじて逆転しますが、それでも4割近くの家庭では不定期におこづかいをあげている様子がうかがえます。

けれども「将来家計のマネジメントができるように」というおこづかいの目的から考えると、おこづかいはぜひ定期的にあげるようにしてほしいのです。

日本では会社の多くは月給制なので、おこづかいを定期的にあげている家庭では、「月に1回」のことが多いようですが、私のおすすめは、週給制です。小学生以下の子どもやおこづかい初心者には、特に週給制をおすすめします。

理由は、お金の管理は1カ月単位でやるより、1週間単位でやるほうが簡単だから。発達心理学の観点から見ても、小さい子であればあるほど時間展望のスパンがとても短いのです。長い時間の見通しを立ててお金を管理するより、1週間単位のほうが発達的には適しているからです。

もう1つ、週給制のほうが、失敗も小さくなるでしょうし、リセットもより容易だから。

小さいころやおこづかいのもらい始めは失敗も多いし、なかには大きい失敗もあるでしょう。小さい金額であれば、失敗の大きさもたかが知れているし、そのとき1週間ごとにリセットできるほうが、親子ともに

ラクなはずです。うちでは〝わが家ルール〟でおこづかい帳をつけること、次のおこづかい日にそれを持ってきて見せることを条件にしていました。「書いていないとおこづかいはあげないよ」という約束です。しかししばしばの書き忘れでおこづかい帳をつけ続けるのは挫折しがちでした。そこは残額を書き込むだけでもいいことにして、とにかく続けることを優先しました。その場合も1週間ごとにリセットできるのがありがたかったのです。

もう1つには金額的な問題もあります。この「おこづかいプログラム」では、一般よりかなり金額が大きくなってしまいます。そのため、一度に大きなお金をあげるより1週間ごとに区切ったほうが、年齢が小さいころはより適切だということもあったのです。

やってみると意外と使い勝手がよく、うまくいきやすいのが週給制の魅力です。ぜひ毎週何曜日がおこづかいの支給日と決めてあげてみてください。

わが家でも、小学校の間は週給制であげていました。中学生になったときに親子で会議を開いて月給制にかえました。そのころにはかなり金銭管理がうまくなってきていて、安心できるようになっていましたので。

そして高校生になったころ、思い切って必要な出費を任せる部分の金額もかなり増やして、自分で管理する裁量を大幅に増やしました。

具体的には、

○**部活のためにかかる交通費**

学校から離れた外部の競技場に行くための交通費

○**習い事のためにかかる交通費**

趣味のスクールへ行くための交通費

○**塾へ行くための交通費**

英語塾へ行くための交通費

○**それぞれのときに必要な飲食代**

おやつと飲み物代など必要に応じて

を1カ月分、自分で見積もらせて、あらかじめおこづかいとして支払うようにしました。

おこづかいの使い道には口を出さない

英語でおこづかいはallowance（アローアンス）といいます。allow（許可する）の名詞形です。辞書では手当、こづかいなどと訳されています。自由に使えるお金の意味なんでしょうか。『子どものおこづかい練習帳』を使っておこづかいをあげながら、どうやら日本のおこづかいより子どもの自由度が高いお金を意味していると感じていました。そして、そのよさが長年かかってじわじわとわかったのです。だからこの「おこづかいプログラム」のおこづかいは、裁量という意味合いをもたせています。

つまり、一定のルールに沿って決めたおこづかいの使い道には親は口出しをしないということ。

パパやママも仕事の経験を思い出してもらうとわかりやすいと思うのですが、自分がしなくてはならない仕事で、ある程度権限がなかったらどうでしょう？　とてもやりにくいはずです。そしてもしいつでも誰かの意見を聞かねばならなかったら、自分の頭で考えるようになりますか？

ならないはずです。

「裁量がないところに学習も進歩もない」

というのが私の持論です。失敗も決められた金額のうちならそれは想定内だと腹をくくってください。

「失敗なしに成長はない」からです。

実は、わが家の近所では毎年盛大なフリーマーケットがあり、業者が当時はやっていたトレーディングカードをファイルに入れて売りに来ていました。息子にとってはパックで買ってもなかなか当たらないレアカードを手に入れる大チャンス。たしか4年生のときだったと思うのですが、前年からその経験をもとにコツコツ「ほしいもの」のためのお金を貯めて5000円を用意して、カードを思う存分買いまくったことがありました。

息子と別々にフリマを冷やかして歩いていた私に、同級生ママたちが会うたび「○○くんお金使いまくってたよ」と教えてくれたものです。「ありがとう」とお礼を言っていましたが、もちろんOKなんです。努力していろいろがまんして貯めたお金を、本当にほしいもののために使ったのですから。大人から見て無駄かどうかではなく、あくまでも本人にとって価値があるかどうかが大切なのです。

失敗も含めて、子どもがどんなふうに知恵をしぼってお金を使うのかを見るのもこの「おこづかいプログラム」の醍醐《だいご》味《み》といえるかもしれません。

楽しいですよ！

第5章

おこづかいのあげ方❷

子どもの家の仕事の決め方からおこづかいの管理法まで

おこづかい額が決まったら、次は子どもの〝家の仕事〟を決めます

ここでは〝家の仕事〟を決めるときのポイントをあげました。おこづかい「会議」の前までにパパやママはここをよく読んで、親なりの腹案を用意しておくといいと思います。ポイントに書いたとおり、子ども自身のやる気がいちばん大切なので、あくまでも腹案です。よく話し合って合意して決めてください。

〝家の仕事〟を決めるときのポイント

ポイント 1

子どもがやりたそうで、しかも親が〝やってもらえると助かる！〟と思える仕事を選ぶこと

大事なことは、まずその子がやれるかどうか。そしてやり遂げられるかどうか。しかも毎週決められた頻度をずーっと継続できるかどうか。これをしっかりと見極めてください。継続のためには、言うまでもありませんが、最初からまあまあラクにできるか、わりとすぐ慣れることがで

きて、慣れればラクにできるようになるかどうかを考えるといいでしょう。けれどラクすぎないものを。適度な負荷が成長には必要なものです。

子どもがやりたい仕事なら、少しむずかしくても可能かもしれませんし、あまり気の進まない仕事なら簡単でも続かないこともあるかもしれません。その辺の加減はお子さんをよーく見て、そしてよーく話し合ってバランスをとってください。この仕事は、子どもが責任をもって続けられることがいちばん大切な目標ですので、そこを忘れずに。

とはいえ、その仕事は親が**〝やってもらえると助かるもの〟**であるほうが、やはりこのプログラムがうまくいきます。**W-I-N・W-I-N**（どちらにとってもメリットがあり、どちらも損しない）であれば、このプログラムのよさがお互いに実感できるからです。

いくつかの仕事を組み合わせるときは、**「楽しんでやれる仕事」**と**「面倒くさいと思う仕事」**のバランスをとることが大事です。たとえば、これは少し大きい子どもの場合ですが、「週に一度のふろ掃除（浴そう、床や壁も掃除する）」――親はやってほしいが、子どもはイヤ、と「犬のえさやり」――子どもはふだんから喜んでやっている、を組み合わせるなども成功の秘訣です。

子どもに割り当てる〝家の仕事〟の難易度は、1回の仕事が**「子どもの年齢＝仕事が終わるまでにかかる時間（分）」**ぐらいで終えられるものが適切です。たとえば、7才の子どもなら7分で終えられそうかどうかも検討してください。

ポイント

② 年齢や忙しさを考慮して決める

この「おこづかいプログラム」で子どもがする仕事は、親に雇われてする仕事とはまったく違うと、第3章でも書きました。それが大きくあらわれるのがここです。おこづかいの金額と仕事の難易度や頻度、内容が呼応しているのではないのです。金額は金額の決め方のルールで、仕事は仕事の決め方のルールで決まり、相互の関係性はゼロではありませんが、大人の仕事と違って薄いものです。

大事なことは、子どもが〝家の仕事〟を「責任」をもって自分の仕事として引き受け、常に遂行することなのです。それができるよう、また親は子どもがその仕事ができるよう道具を用意したりと準備をしなくてはなりませんし、無理なくやり続けられるものかどうかを見守る必要があります。

学校のあるときに、1週間で1〜3時間もかかるような仕事をさせるのは考えものです。しかし、年齢が上がるに従って、より多く複雑な仕事ができるようになるはずです。その分、学校やほかの活動で忙しくなってもある程度は大丈夫になるでしょう。

けれども、日本では、中・高生になると（子どもによっては小学校高学年から）、勉強と部活動でとても忙しくなり、手いっぱいになることもあります。〝家の仕事〟がそれまでよりかえってできなくなることもあるでしょう。そのときは、新しいその生活の中でできる〝家の仕事〟をやるように再交渉して決めるようにしてください。

わが家でも、中学校に入って、学校でいちばんハードな運動部に入ったとき、仕事の再交渉をしました。週5日、夜7時か8時ごろまで部活動があり、日曜日は練習試合で終日遠征。そのほかに英語塾に週2回。中学校までは電車を使って片道30分ぐらいでしたから、小学生のような小さい体だった息子には本当に大変でした。もちろん宿題もどっさりです。そこで小学生の間は週3日洗濯物をたたみ、お皿を洗っていましたが、洗濯物たたみはやめ、毎日夕方帰宅時の新聞取りと、土日のどちらかに1回皿洗い、長い休みには週3回皿洗いと、休み中必ず一度はおふろのブラインド掃除をする、というように変えました。小学生だったときより簡単になり、おこづかい額は上がったので、仕事だと思うと変ですが、そのときの息子の生活ではこれが限界で、その仕事はどうにか大学卒業までずっとやり続けていました。

わが家は両親そろってハードワーカーの厳しい共働き家庭だったので、家族で仕事を分け合ってするのは当然という雰囲気があります。すべての家事を夫と私は状況に応じて引き受け合い、シェアしてどうにかやってきたという経緯があり、息子は私たちから頼まれたお手伝いを断ることは、よほどのとき以外ありませんから、引き受けた仕事以外にもさまざまに役立ってくれていますが、それとこれは別なことになっています。

ちなみに、あとでも触れますが、おこづかい額や仕事の再交渉のためのおこづかい「会議」は5月の連休にやるのがおすすめです。そのころには新しい生活の様子が見えてくるからです。4

月の間はイレギュラーになることもありますが、そこは、私は移行期間として柔軟に対応していました（6月くらいまでにはやりたいものです）。

ポイント ③ 選んだ〝家の仕事〟をさまざまな角度から検討します

子どもは、大人に比べて、〝家の仕事〟を狭く部分的にとらえがちなものです。特に年齢が下の子どもほどそうです。たとえば、「お皿を洗う」という仕事を子どもが選んだとき、10才の息子とあなたが、まったく同じ仕事をイメージしているかどうかわからない、ということです。彼は「シンクがからになったら、皿洗いは終わりだ」と思っているかもしれません。でも、親はシンクの上に飛び散った洗剤や水滴をふくところまでが「お皿を洗う」ことだと考えているのではありませんか？　子どもが「皿洗い」ですることは、どんなことからどんなことまでかを、きちんと決めてコンセンサス（合意）をとる必要があるのです。

たとえば「皿洗い」という仕事は

①お皿をテーブルから下げる
②お皿を洗う
③洗い終わったお皿をふく
④ふいたお皿をたなに戻す

⑤ シンクとそのまわりをふく
⑥ キッチンの床をきれいにする

のどこからどこまでなのかをはっきりさせてください。

うんと小さな子どもにとっては、お皿を下げるのは誇らしい、いい仕事です。皿洗いではないけれど、これだけで十分でしょう。子どもがもう少し大きくなって家族各々がシンクへ食器を下げるようになったら、②の「お皿を洗う」を仕事に。そして、中学生くらいの子どもであれば、②から⑥を全部まとめて「皿洗いをする」としても、いいと思います。

具体的に〝家の仕事〟を決めていきましょう

① 子どもの仕事候補を書き出してみましょう。

第1章の44〜47ページに掲載している〝シゴトメニュー〟を見てください。

ここでは、子どもとの話し合いを進めやすくするために、仕事を種類別に示しています。ざっくりですが、やりやすい仕事から、よりむずかしい仕事の順に並べてあります。

これを見て、その中からお子さんにふさわしい〝家の仕事〟をまずさがしてみましょう。その中にあるものでピンとこなければ、違うものでもかまいません。

“シゴトメニュー” p.44

家事の方法も具体的には各家庭の事情によって違うでしょう。たとえば、洗濯のところで、洗濯物を、家族各人の部屋に配る仕事をあげていますが、全員分を1カ所にしまっているなどのときは、「タンスにしまう」を仕事にしてもいいわけです。

その子の年齢や能力を考慮して、まずは毎日または週2、3回程度行う日常的な仕事をいくつか書き出してみましょう。

次に、それよりも複雑でたまにしかやらなくていいような仕事も選んで（なければつくり出して）書き出します。こちらには、多少のサポートが必要なものがあってもいいでしょう。

② 選んだ〝家の仕事〟をさまざまな角度から検討します

選び出した〝家の仕事〟リストを紙に書き出します。それぞれの定義も、具体的に細かく書いておきます。

定義は〝シゴトメニュー〟を見ながら、子どもがどのくらいの仕事をイメージしているのかを確認し、親は子どもの年齢や能力、やる気を見ながら、仕事内容が適切になるようにいっしょに考えながら決めていきましょう。

定義は**「何を」**するのかの部分だけでなく、**「いつ」「どこで」「どのように」**やるかまで決めます。

③ 仕事が決まったら、再度お互いにしっかりと「合意」していることを確認します

この「おこづかいプログラム」では、親子がしっかりと話し合って納得し合い、**「合意する」**ことが成功のために欠かせない大前提です。

ここで決めた仕事の定義をしっかりと確認し、さらに再度〝家の仕事〟を引き受けることの意※味を説明したうえで、お子さん自身が責任をもってやる気があるかを確認してください。

また、この**「合意」**は親自身も拘束します。あなた自身が約束を守れるか、考えてみてください。たとえば、子どもの仕事が「洗濯物を干す」なら、あなたは子どもが始めるまでに洗濯をすませておかなくてはなりません。子どもの仕事が「お皿を洗う」なら、それまでにテーブルからシンクへお皿を運ばなくてはなりません。

めんどうがらずにできますか？

もし親が自分の負担をきちんと担えないようであれば、親自身が子どもの「悪い見本」になってしまいますよ。

※合意したことがらは、やがて契約書にサインするほど重みや責任があることなのだ、とお子さんに伝えます。「責任のある同意」と「命令されてしぶしぶやること」は違うということをしっかり理解させることが大事です。家の仕事は押しつけられてやるのではなく、家族としての責任をはたすために自ら進んでやるべきものなのだと。「家族のメンバーとして役割をもつということだよ。あなたがやらないと、ほかの誰もかわりにやらないんだよ」などという言い方をしてもいいですね。

④ 家の仕事にも再交渉はあります

やり始めてみて、〝家の仕事〟が少しむずかしかったり、急に生活が変わってできなくなったりといったことがあれば、再交渉をして仕事を変えたり、頻度を変えたりと調整をしてください。大事なことは、お子さんが**「やり遂げること」**。それを忘れないでください。

また、そういう特段の事情がないときでも、年に2、3回リストについて再交渉できるようにしておくのもいいでしょう。夏休みなどの長い休みに入ると、子どもは自由な時間が増え、生活のリズムも変わります。休みに入る直前の週に〝家の仕事〟の再交渉をして内容を変更し、2学期に入ったら再交渉をして冬休みまで続ける、そんなふうに再交渉しつつ進めるのも1つの方法です。

おまけのボーナスのための仕事も決めましょう

「新しいお人形がほしい」「スケートボードが買いたい」、でもふだんのおこづかいでは、貯金していてもいつ買えるかまったくめどが立たない……そんなとき、「もっとお金を稼ぎたい」と子どもは思うかもしれません。それにも対応できる方法を用意しておきます。よけいに働くことで、余分にお金を稼ぐ機会を与えてあげるのです。今まで以上に働いて「ボーナス」を受け取った子どもは、「一生懸命働いたら、その分報われる」ということを学ぶでしょう。

ボーナスを支払うために、通常の仕事のほかに「ボーナスをもらうための仕事」も用意しましょう。それは「通常の仕事を、約束の回数以上やる」ということでもかまいませんし、「別の特別な仕事を用意する」というのでもかまいません。どの仕事を1回したらいくら、という形で金額も設定しておいてください。

ただしルールがあります。まず無限に増やすというのはNGです。

ボーナスの金額の上限を必ず設定する必要があります。これは各家庭での判断ですが、1週間のおこづかい額より多くないほうがいいでしょう。半分~40%くらいがおすすめです。

もう1つは、通常の仕事をしないのに、ボーナスの仕事だけするというのもなし、ということ。通常の仕事をして、さらに余分に働いたときだけ、ボーナスは支払われます。

親子でおこづかい契約を結びます!

おこづかい「会議」もここまで来たら、いよいよ大詰めです。

最後に親子で「おこづかい契約書」を交わします。

「契約書」だなんて大げさな!と思われたかもしれません。しかし、子どもたちは今後の人生

"おこづかい契約書" p.49

で、アパートの賃貸契約をしたり、家を買ったり、銀行でローンを組んだりなど、書面による契約や合意を行う場面に必ず出合うことでしょう。早いうちから契約について真剣に考え、合意内容の作成に参加する体験を積むことは、とても大切です。「契約書」を交わす約束の重みを今から経験で伝えていくのです。そう考えると、この「おこづかいプログラム」で学ぶことの中でも最重要なことといえるかもしれません。

そのためにも、この契約書を交わす際にも、真剣に熟慮しなくてはいけないムードをつくってあげましょう。そして、どんな書面の合意にも、知的な大人のアプローチを装ってあげてください。くだけた雰囲気ではダメです。少しばかり厳粛に、真剣でまじめな感じを演出するのです。親が契約の中身やその意味することを十分理解しているかどうかも大事です。

これは、あなたとお子さんの間の「拘束力のある合意」です。あなたがこの契約に従って生活することを望まないのであれば、サインをしてはいけません。お子さんも同じです。

そして、「人はあなたが約束を守った場合にだけ、あなたを信頼するのだ」ということを強調してください。

「契約をきちんと守る」ことを通じて、人生の最も重要な価値のひとつである「約束したことを尊重する」ということの意味を教えることになります。

くれぐれも親自身もその意味を厳粛に受け止めて、この契約を守り抜いてください。

契約内容を吟味し、サインする

49ページの〝おこづかい契約書〟を慎重に読んでください。もし、あなたやお子さんがしっくりこない部分があったら、それがたった1文であったとしてもペンで修正してください。お子さんといっしょに空白を埋めたあとで、そこに書いてあるすべての契約内容を、お互いに満足いくまで声に出して読んでください。

合意内容にサインする前に

合意内容にサインする前に、次のようなことをお子さんにちゃんと伝え、合意を得てください。

- お金は木になっているわけじゃない。パパやママが働いて得たものなんだ。でも、あなたはまだ小さいから、自分でお金を稼いで家族を養ったり、お金の管理をするということはできないね。でも、自分で管理するお金を持ち、それを自立して使う練習をすることで、成熟した大人へ一歩踏み出すことになるんだ。
- 契約を守るのはとても大切なことだ。自分を信じ、ほかの人から信用を得られることになる。
- 基本となる合意内容が承認されたなら、おこづかいは毎週必ず支払われる。“家の仕事”を「ちゃんとやった週」「いまひとつだった週」などバラツキがあったとしても、おこづかい額が減らされることはない。また、ボーナスの支払いは、決まった“家の仕事”をちゃんとやったうえで、さらにボーナス用の仕事をどのくらいしたかで決められる。
- この「おこづかいプログラム」で成功してもらうために、契約内容と違っていても、親はあなたに援助することがあると思う。不足したお金を補ったり、仕事をしなくても目をつぶったりするかもしれない。その場合は反省して、次からはしっかりやってほしい。それが成長だと思う。
- 親もまた責任がある。それは、子どものお手本になるという「責任」だ。おこづかいを決められた日時に約束どおりに支払うこと。“家の仕事”のために必要な道具をそろえること。できるように事前にきちんと準備をすること。また、交渉と再交渉は民主的に（丁寧に礼儀正しく）行うこと。子どもから要望があれば、フェアに検討してあげること。おこづかいをネタに何かを取り引きしたり、ほかの問題でトラブルが起きたときに武器として使ったり脅したりするようなことは絶対にしない。

“おこづかい契約書” p.49

以上のことにお子さんが同意したら、両者でこの契約書にサインします。
そして、契約は成立しました！

子どもはほかの何よりも、親が示す手本から学ぶもの。
肝に銘じて取り組んでくださいね

いよいよおこづかいを支払います

子どもは〝シゴトカレンダー〟をつけます

51ページの〝シゴトカレンダー〟を見てください。
この表は、仕事を思い出せるように、お子さんの目にとまりやすい場所に貼っておいてください。仕事が終わったらお子さんが自分で、または親子いっしょにチェックしてください。小さい

“シゴトカレンダー” p.51

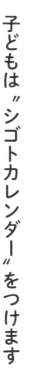

お子さんのために、お気に入りのシールなどを用意して貼るようにしてもいいですね。

これを毎週コピーして使います。

おこづかい「会議」のあと、この表におこづかい「会議」で決まった〝家の仕事〟と回数をお子さんに記入させてください。メモ欄には、決まった曜日や時間があれば曜日や時間、ボーナス用の仕事はボーナス用と書いておきます。

おこづかいを渡すときに、その週の〝シゴトカレンダー〟をいっしょにチェックしてください。

おこづかいを支払う

もしおこづかいが「いつもらえるかわからない」「もらいそこねることもある」という状態なら、子どもがお金を管理するなんて不可能に近いでしょう。

おこづかいの支払い日は、毎週決まった曜日を設定し、可能であれば時間帯まで決めるといいでしょう。だいたい土曜日の朝、もしくは日曜日の夜を設定する家庭が多いようです。

親の給料日と同じなのが理想ですが、日本では多くのご家庭が月給制でしょうから、そうもいきません。毎週確実におこづかいをあげられるよう、その分のお金は必ずキープしておきましょう。これは信頼と責任のお手本を見せる絶好の機会なのです。

予算どおりにおこづかいを管理して使うには

4つの透明な金庫を用意してあげましょう

お子さんはふだんお金を何に入れていますか?

この「おこづかいプログラム」ではおこづかいを5種類に分けて考えています。①「ほしいもの」のためのお金、②「必要なもの」のためのお金、③「短期的な貯金」、④「長期的な貯金」、⑤「寄付」のためのお金です。毎日の生活にまぎれて、子どもがわからなくならないか心配ですよね？　そうならないようないい方法があります。それがこの透明な金庫を使うことです。費目ごとに別のいれものに入れて管理するのです。一般的な貯金箱やおさいふでないのは、出し入れしやすく、一目で中身が見えることを重視してのことです。

⑤の「寄付」のためのお金は③「短期的な貯金」といっしょに保管するので、①から④のそれぞれのために、1つずつふたのしまる透明ないれものを用意してください。

ジャムのあきびんでもいいですし、100円ショップなどで売っている食品用の透明なケースなどでもいいと思います。大事なことは「パッと見ただけで残高がわかるよう」透明なこと、ふたがきちんとしまり、子どもがあけしめしやすいことです。子どもの手が中まで入るほうがいいかもしれません。

それぞれにラベルを貼るか油性ペンで「ほしいもの」「必要なもの」「短い間の貯金」「長い間の貯金」など、わかりやすいようにはっきりと大きく書きましょう。

① 「ほしいもの」のためのお金

子どもの「今すぐほしい!」に対応するためのお金ですから、この金庫は「からっぽにしていい」というのが前提。ただし、からっぽになってしまったら、次のおこづかい日までからっぽのままです。

② 「必要なもの」のためのお金

これはからっぽになっては困る金庫です。文房具などは「なくなったときに買う」のが基本ですから、いつでも必要なときに使えるよう、毎週のおこづかいを金庫の中に貯めておく習慣をつけさせましょう。

③ 「短期的な貯金」

本書では、「寄付」のためのお金もここに入れていますが、本当は分けたほうがいいかもしれません。ただあまり数が多いと今度は逆に煩雑になるので、各家庭の判断でお子さんに合わせて決めてください。出し入れがあるけれど、基本的にあまりからになることはない金庫です。

④ 「長期的な貯金」

③と1つにするという方法もあります。ただ、分けてしまって、長期的な貯金はよほどのことでないと使わない、ということをはっきりさせたほうがいいと思うので、ここでは4つ目の金庫として提案しています。

こうやって保管することで、子どもは予算を守ってお金を使うことも学べます。

子どもにやる気がなくなったときは

子どもがこのプログラムに著しく興味を失ったり、同意した内容を守ろうとしないことが長期間続くようなら、再交渉が必要です。

おこづかい「会議」を開いて、その子が今どんな気持ちなのか、どうしてそういう状態なのか、落ち着いてよく話を聞いてあげてください。約束を守らないことに腹を立てて、「やるって言ったでしょ」と厳しく叱ったり、どなったりしないこと。あくまで冷静に感じよく対応します。「週末遊園地に行くのは中止ね」とか「おこづかい減らすわよ」などと脅すのもなしです。同意した契約内容に関して、意見が対立したり大げんかになってしまったりしたとすれば、その時点でもうおしまいなのです。いくら口論しても、何も回復しません。

おこづかい「会議」で、正当と思われる理由のある変更をお子さんが申し出るようなら、それを検討し、話し合いのうえで合意となれば、契約した仕事を一部変更すればいいでしょう。しかし、前向きな態度が見られないようであれば、一時的に「おこづかいプログラム」を停止するのが効果的だと思われます。完全にやめてしまって、子ども自身が「再開したい」と言いだすのを待ってみてください。

きょうだいがいるなら、子どもはおそらく早めに「自分も続けたい」と言ってくるでしょう。

きょうだいが定期的にお金を得ていて、自分だけが孤立して不参加でいるのはつらいものです。また、きょうだいがいない場合でも、ほとんどの子はプログラム再開を求めてくるでしょう。子どもは誰だって「やる気」があるものだし、大人のように扱われたいものだからです。ですから、この手のむずかしい問題はめったに起こりません。一般的にお金の管理ができるほど成長した子は、家族の一員として責任をはたせるものなのです。少額のおこづかいしか受け取れない小さな子でも、こういった関係に意義を見いだすことはできるのです。

ポイントは〝家の仕事〟の選び方にあります。

子どもによく合った〝家の仕事〟を選んで、毎日の予定に組み込むのです。

その年齢に対して簡単すぎるものにしてもいけないし、子どもの負担になりすぎてもいけません。

おこづかい「会議」の席上では、子どもの言いなりになるのではなく、親も真剣に考えて吟味してください。

目標はこの「おこづかいプログラム」が成功して、長く安定的に継続できることです。お子さんの成長とともに「おこづかいプログラム」も成長させ、ぜひ高校卒業まで続けてください。最初はめんどうだったはずのこの「おこづかいプログラム」が、いつの間にかごく当たり前の日常になり、ラクに運営できていることに気がつくはずです。

トラブルへの対策

この「おこづかいプログラム」は、お子さんの誤解や反抗に対しての予防手段をもっています。また、お子さんのさまざまに変化するニーズに適応できる柔軟性もあります。お子さんとの間でトラブルが起きたりお子さんの興味がなくなってきたりした場合、この本をもう一度おさらいして、類似した問題とそれに対する解決策をさがし出してください。

しかし、何よりも大事なことは、まずお子さんと話し合うことです。子どもたちに率直な質問をして、本当は何を思い、感じているのか聞こうとしてください。

トラブル	すべきこと
繰り返しお金をなくす	持っていないなら、さいふを渡す。 プログラムをストップさせる。
お金で友だちの気をひく、 大金を使う	何の意味もないことを説明する。 2回以上は援助しない。
“家の仕事”をサボる	励ます、そして再交渉する。最終的には一時的にこのプログラムをやめることを検討する。やめるときは、本人が再開の意志を出せるように、「よく考えて君がまたやりたくなってきたら言ってね」と言う。
きょうだいと比較する	家族会議。年齢や能力、 区別の必要性について率直に話し合う。
「シゴトカレンダー」に 記入できない	しばらく記入を見守り、励ますなど援助する。
おこづかいの金額が少ないと 文句を言う	再交渉する。 ほかの親の“相場”と比べていることが多い。
支出の意思決定の弱さ	口出しせず、子どもに学ばせる。 援助してはいけない。
友だちにお金を貸しつける	いじめがからんでいない限り口出ししない。

西村先生教えて！

おこづかい帳はつけるべき？

藍

うちでは、おこづかい帳提出をおこづかいをあげるときの交換条件にしていました。「持ってこない人にはあげないよ」と。契約に加えていたわけです。

ただ、『子どものおこづかい練習帳』での西村先生のアドバイスを参考にゆる〜くやっていたので、高校卒業までなんとか続きました。先生に再度その素敵なアドバイスを教えてもらいましょう。

西村

おこづかい帳は、確かにつけたほうがいいとは思いますが、強制する必要はありません。

大事なことは「いくらもらったか」「現在いくら残っているか」「使ってもいいお金はいくらか」がちゃんとわかっていることですから。それがわかるようになっていれば、それで問題はないはずです。

１２２ページに「４つの透明な金庫」の説明がありますが、このやり方なら一目で残金がわかりますので、おこづかい帳がわりになると思いますよ。

もしもおこづかい帳をつけさせるのであれば、あまり細かい部分に固執しないようにアドバイスを。「計算が合わない」「何に使ったか忘れた」ということが原因でやめてしまっては、もったいないですからね。現在持っているお金から、また記入し始めればいいんです。

お年玉などの使い道は？

お年玉は小学校時代から高校時代までは基本は貯金でしたが、そのときどきでほしいものに合わせて１万円以内の端数、数千円を使っていいということにしていました。高校生くらいからは、ほしいものの額が大きくなって、親からのお年玉１万円は、11月の誕生日祝い、12月のクリスマスの各１万円と合わせて、コートなど大きな買い物にあてる傾向になっています。親以外の人からもらった分は、大学時代は半分は貯金で、半分は使っていいことにしていました。

うーん、記憶がややあいまいですが……先生どうなんでしょう？

ただ、『子どものおこづかい練習帳』を作ったころからは、先生の教えを守って、郵便局にいっしょに貯金に行くようにしていました。

お年玉をどうするかは、各家庭の考えがあると思いますが、私自身は子どもに全額預金させていました。ただ「親が勝手にどこかに隠してしまった」というイ

メージをもたれないためにも、必ず子どもといっしょに銀行に行って預金するようにしていました。印鑑を自分で押させたり、行員の行動を説明してあげたり……いい体験になると思いますよ。そして「ほしいものがあれば、親と相談して使う」と約束していました。
　ただ、「数千円分くらいは子どもに渡して好きなものを買わせる」という家庭も多いようです。その場合、お正月時期のおこづかいをどうするか、家庭で決まり事をつくってもいいと思います。

　そのお年玉などを貯めた預貯金って皆さんどんなふうに使っているのでしょう？
　うちでは、大きくなって旅行したくなったり、楽器など大きな買い物がしたくなるだろうから、そのとき使いなさいと言っていました。実際にそのように使っています。もう1つ、実は大学受験のとき、押さえの私立大学の入学金を1校に納めたあと、やはりもう1校のほうにかえたいと言いだしたので、「自分の貯金で払うならいい」と20万円ほど支払わせました。それがいちばん大きな出費ですね。

　それはビッグな出費でしたね。大学の選択を自らの責任ではたしたわけですね。その判断は大学生活を無駄にしたくないという強い意志につながったものと思いますね。

　わが家の場合は、祖父母から誕生日などのイベントで受け取った臨時収入なども、お年玉といっしょに銀行口座に入れていました。いっしょに銀行に行けないときは、記帳したあとに本人に通帳を見せて「入れてあるよ」と確認させました。小さいころからのおこづかい方式で、お金を大事にする感覚がしみついていたのか、大きな買い物をしたいという欲はあまりなかったようです。それぞれ大学に入ったときに、通帳ごと渡したと思います。

　うちの子は大学生になるまでは、それほどお金を使いたがりませんでしたが、今はほしいものややりたいことが多くて大変なようです。同じようにおこづかいをあげても、お金の使い方にはもって生まれた個性が出るように感じますね。

　私もそう思います。うちの娘たちも、上の子のほうがより慎重で、下の子のほうがやや使う傾向がありました。

　おこづかいで練習を積むと、その子の個性なりにうまくお金とつきあえるようになるのがいいですよね。

“家の仕事”、どう選べば うまくいく？

“家の仕事”は私が参考にした『子どものおこづかい練習帳』のもとのキットではchores（チョアーズ）と書かれていました。あまりなじみのない単語ですが、家事とか雑用という意味の言葉です。西村先生も

「“家の仕事”を責任をもって引き受けるということの意味は、家族のメンバーとしての役割とか、務めとかをやるということです」

とのこと。だから、44ページからの“シゴトメニュー”では、家族全員に関わることだけをシゴトとして取り上げ、自分自身のことをやることは入れていません。

自分の部屋のそうじや自分のたんすの整理整頓など、もちろんやらせたいことではありますが、それは“家の仕事”ではなく“自分の仕事”。そちらは別途しつけると考えてください。

“家の仕事”としてどんなものがやりやすいかですが、1つ条件としてあるのは、独立性が高いということです。つまり自分がひとりで考えて、ある程度は自分のタイミングでもできるもの、です。誰かの手伝いだとどんなものでも、主たる人の都合が優先になりますので、それによってできたりできなかったりする。それでは困ります。内容も子どもひとりで考えてできる範囲のものでないとむずかしいと思います。

もちろん、最初に道具をそろえて、やり方をきちんと教えてあげる必要はどんな仕事でもあるでしょう。でもそうしたあとはあまり苦もなくできるということを考えてください。

“シゴトメニュー”では、伝統的に日本の家族生活でやりやすいなじみのある仕事を中心に太字にしてあります。

もちろんその家その家でいろいろ事情が違いますから、ある仕事ない仕事があるでしょう。そこはわが家に合ったものを工夫してください。

3才児など小さいお子さんには、靴をきれいに並べる、食べ終わったお皿を下げるなどがおすすめです。どんな小さい子でも「自分が家族の役に立てる」ということは喜びです。子どもの自信になると思います。

第6章

中学生、高校生、大学生の おこづかい

中学生以降、子どもも一人前の消費者になってくる

ファイナンシャルプランナーの畠中雅子先生によると、中学生になると、子どもの生活スタイルは激変し、行動範囲が格段に広がり、消費者としては一人前になってくるとのこと。友だちどうしで遠くへ出かけたり、部活動の試合などで遠征したり、遠くの塾へ通ったり。その結果、ひとりでお金を使う場面が増えてくるからです。

まず、それまで、給食以外はほとんど親といっしょに食事をしていた子どもが、ひとりで外食をするようになります。塾などの出先で、コンビニで買って食べる、友だちどうしでファストフード店に行くなどなど。それから、着るものや持ち物にもこだわり始める子が多くなります。中学生ではスマホを持っている子どもが増えているので、スマホの使用料がかかってくることもあるでしょう。さらに、部活動が始まることで、ユニフォームやシューズ、ラケットなどの運動用具、楽器などの高額な購入費用も必要になってきます。

「必要なもの」のためのお金を段階的に増やしていきましょう

この増大する必要な出費を、必要なもののためのお金として、あらかじめおこづかいに盛り込む金額を段階的に多くしていきましょう。高校卒業までの6年間で、子どもの生活まわりでの定期的な出費のほとんどをおこづかい「会議」で洗い出し、おこづかいとして任せるようにするぐらいのイメージで考えてみてください。

ただし、これは本人の性格やお金の管理能力をよく見て親が調整することが大事です。

この「おこづかいプログラム」を小学校時代からなど小さいころから長く継続していて、子どもの管理能力がよくわかっているなら、その段階に応じて裁量を増やしていけばいいでしょう。でも、もし中・高生になってこれからこの「おこづかいプログラム」を初めて取り入れるのであれば、最初は前章までに提案した金額の出し方に従って、裁量も本当に文房具などの最小のものに絞って始めたほうがいいでしょう。

というのは、中学生になると、子どもは親の価値観よりも友だちどうし、仲間うちの価値観でお金を使うようになってしまうから。小さいころから「おこづかいプログラム」で親の価値観もしっかりと伝え、本人のマネーマネジメントの実力も上がっている子とは土台が違うからです。

そのため、実年齢より小さい子だと思って始めたほうがいいと思うのです。

おこづかいとして渡してしまうことで金額増大にストップをかける効果もある

「必要なお金」もここまでくると、まさに「生活費」に近づいてきていますよね。中・高生の子どもとこのお金を洗い出して金額を決めるときに、次のようにしてみてください。ファストフード代などの外食費やスマホの使用料、子どもによっては服飾費について、日ごろかかりすぎに頭を悩ませているときに特に役立つと思います。

今まで本当にかかっているお金と、親の希望の差を、このとき現実的な範囲ですり合わせをして上限を決めるのです。これを超えたらあとは、子どもが自分の「ほしいもののためのお金」やそれまでの貯金を使う、スマホならやめる、などの約束をするのです。

子どもは自分の裁量になったら、これまでよりちゃんとケチになれます。やはりどこまで使っていいかの予算がはっきり目で見えることの効果は絶大なのです。

このときに注意したいのは、親が少しでも自分が得するようにと（?）無理な約束をしては絶対いけないということ。この「おこづかいプログラム」はフェアであることが効果を最大にもたらす秘訣。もともと無理な予算でやりくりするのには、かなりの実力と努力、つまり時間が必要だからです。また、お金と時間はいわば〝行って来い〟の関係。節約するためには時間が必要で、ある限度を超えての無理な節約は忙しい中・高生には適切ではないと思います。

わが家では……

お金コンシャスではないわが家では、今書いたようなことの意味が、実はやりながらだんだんにわかっていったという経緯がありました。

だから、中学校時代には（部活動があまりにも大変だったということも大きな原因ですが）、塾への交通費もおやつ代も、その日の朝に渡すようにしていました。

前にも書いたように、勇気を出して大幅に裁量を増やしたのは高校に入ってから。ＩＣ定期券におこづかいのたびに自分でチャージするようになり、おやつ代も見積もった範囲でなんとかやりくりしているようでした。高校生の最初のおこづかいは、実は「見積もったより使わないから」という理由で「必要なもの」のためのお金のたった３００円でしたが、減額の申し出があって返金されたという、今振り返るとなんだかほほえましいことまでありました。

うちの息子は、中学生のころからファッションにとても興味を抱くようになり、中学校２年生か３年生から、ひとりで裏原宿の古着屋さんへ洋服を買いに行くように（最初の１回だけ、親がつき添いました）。そのころ、ついに子ども服ではサイズがなくなってしまったのです（うちの子は成長がオクテくんで、中学校１年生のとき１４８㎝だったのが、中学校後半で伸び始め、高校卒業時には１７８㎝に！　サイズ変化が激しかった）。そのとき新たに決めた洋服購入のルールは、必要な衣服の必要枚数は親がサイズアップのたびに費用を出すが、それ以上に自分で買いたいものはおこづかいやお年玉などで買うというもの。「ほしいもの」のためのお金の多くはそんな古着代に消えたのではないでしょうか？　今は昔と違って古着や安い値段で買える洋服があるので、1000円とか2000円でうまく買い物をしていたようです（親から見て失敗は多数ありましたが）。高校のころ半額で傷物を買ったり、古着屋さんで買ったりした2足の〝ドクターマーチン〟（ブランド名です）の靴も、5〜6年大切に履いていました。当時の彼の財力では、普通は手に入れられないそれらの靴をおこづかいで手に入れたときの、誇らしげでうれしそうだった顔は今でも忘れられません。

わが家では、携帯電話・スマホの使用料は一貫して親がいっしょに支払っていました（就職した2年目の初めまでうっかり払ってしまっていました）。スマホになる前、1カ月の請求が目が飛び出るほど高かったことがありました。原因は友人からの画像の受信代です。いっしょにドコモに話を聞きに行ったりして、どうやってセーブするかを考えました。それからは上限額を決めて、それを超す月が続いたら携帯電話はやめるという約束をして、守るようになりました。

「おこづかいプログラム」でおこづかいをあげた結果だと思うのですが、親子でお金の価値観をきちんと共有できていると思います。それがいちばんの成果かもしれません。話し合いの大前提がいっしょなので、トラブルも解決しやすいように思います。おこづかい以外のお金が必要になったときも、きちんと何のためにお金が必要か説明して、品目と金額を書いて持ってきました。そのせいなのか、性格なのか、大学受験時も予備校代も最小限、参考書代も最小限、本当に必要なものだけを選んでいる様子で、問題集は全部何度も回して使い、予備校の高校3年生の冬期講習の講座のひとつがやさしすぎたとき、「お金を出してもらって申しわけないのだが、時間がもったいないので途中だがやめさせてほしい」と謝ってきたりもしました。「おこづかいプログラム」実施後は、大きな金銭トラブルもいっさいなく、また何かをおねだりされることもまったくなくなりました。彼からの請求は、基本的に必要性が高いものという信頼感&安心感を持っていました。

このあと書きますが、大学生になって自由が増えたら、少しお金のコントロールがうまくできないときもありました。ときどきはお金がなくなって、おねだりにきたことも。そのたびに軌道修正させながら見守ってきました。

大学生のおこづかい

大学生のおこづかいはむずかしく、それまでの年代に比べて確信が持てません。各ご家庭の事情による差が増大するからです。

大学生になると、消費者としてはまさに一人前。使うほうは家庭の経済事情や本人の経済力、その他いろいろな条件でまったく違ってくるのです。

しかし、親がそれをまかなうかどうかは別として、大学生は1カ月にどのくらい、いわゆる

「おこづかい」を必要としているのでしょうか?

親が渡すおこづかいのほうは、息子が大学に進学して以来、折りに触れてリサーチしてみたところでは、相場は1カ月で2万〜3万円ぐらいのようでした。わが家は毎月2万円渡していましたし、西村先生も、お嬢さん2人とも3万円だったとか。西村先生によると「金融広報中央委員会の『家計の金融行動に関する世論調査』(平成25年)を見ると、大学生のおこづかいは1カ月で2万5236円が全国平均です。過去7年分しかデータはありませんが、大体2万5000〜2万9000円くらいが全国平均なので、藍さんのリサーチのとおりでしょうね」。

とのことだったのですが、これはあくまでも2014年当時のこと。同じ調査の令和元年の結果を参照すると、全国平均が2万2126円と、現在ではやや下がりぎみです。今の大学生親子の置かれた状況の厳しさが感じられますね。ちなみに2014年当時社会人1年生だった西村先生の下のお嬢さんは、毎月のおこづかい額と同額の3万円を家に入れてくれていたのだそうです。これはなかなか理にかなった考え方ですね。

他方、ファイナンシャルプランナーの畠中雅子先生は、共著の『子どもにかけるお金の本』の中で、「理想を言えば、子ども自身のおこづかいぐらいは、できることなら自分でアルバイトをして負担してもらいたいところです」と言っています。実際、お嬢さんはそうやって大学時代を過ごしたとか。子どもの大学時代は、教育資金が最大にかかる時期であるうえ、親は年をとり、収入が増えなくなっているか減ってきているのが一般的な、家計的にはとても厳しい時期です。

おこづかいを渡せるのかどうかも含めて、大学時代のお金をどうするのかは進学前にしっかりと親子で話し合っておいたほうがいいでしょう。

大学時代にかかるお金は

ここでは自宅から大学に通う場合を想定します。家から出て一人暮らしをする場合、親が送金できる金額はおのずと決まってくるでしょう。そこからおこづかいを出すのはむずかしいことが多いのではないかと思いますから。また、おこづかいの話ですから学費は除外します。

そのうえで考えたい支出は左記のものです。これらをどうしますか？

定期代

教科書代

書籍代・コピー代

昼食代

スマホ代

交際費

雑費

服飾費

ここまでが、日常的な出費です。

次は大きな特別出費

ノートパソコン代

20才以降の年金の納付

運転免許の取得費用

ダブルスクールの費用

成人式関連費用

女の子の場合は、着物のレンタル費用、着付け代、ヘアメイク代、写真撮影代、焼き増し代など

就活関連費用

スーツ、靴、バッグのほか、交通費、宿泊費、通信費、タブレット端末代など

大学時代のお金の負担
藍家&西村家では……

	藍家	西村家
おこづかい額	2万円/月	3万円/月
アルバイト代	4万～5万円/月	2万～4万円/月
平均月収	6万～7万円	5万円
・定期代	親が負担	親が負担
・教科書代	親が負担	親が負担
・昼食代	月1万円親が負担	本人
・携帯電話・スマホ代	親が負担	本人
・服飾費	必要な衣類のみ親	必要な衣類のみ親
・ノートパソコン代	親が負担	親が負担
・20才以降の年金の納付	親が負担	猶予制度を利用
・運転免許の取得費用	親が負担	約⅔を親が負担
・ダブルスクールの費用	親が負担	なし
・成人式関連費用	なし	親が負担
・就活関連費用	本人	親が負担

おこづかい額は、昼食代をどう考えるかの違いだけで、内実は3万円と両家でまったく同じです。アルバイト代は、おそらく男子と女子の体力差や帰宅時間の差（西村家の当時の門限は基本23時）が出たのではないかと推察しています。西村先生は、お嬢さん2人にまったく同じようにしたそうなのですが、違ったのは運転免許の取得費用。上のお嬢さんは慎重な性格で取得したがらなかったのだそう。それに対して、「みんなが取るから」と積極的だった下のお嬢さんには、当初かかった費用約26万円を貸し付けして、4年間毎月3000円ずつ天引きしておこづかいから返済させる予定だったそう。しかし2年間返済したところでその努力を評価して返済をよしとしたということです。就活関連費用は、宿泊費やタブレット端末代は不要だったそうですが、ひととおりのものは親が購入して費用負担を。成人式の振り袖は、上のお子さんのとき新調し、下のお子さんはそれをがまんされたそう。また写真撮影費用は2人分出されたとか。うちは男の子なので、入学式のスーツ代だけで写真も撮りませんでしたが、女の子だったらしたと思うので同じですね。相違点は藍家が、携帯電話・スマホの使用料と国民年金保険料を親が払っていることの2点。

スマホ代は基本は遊びのお金

右ページの藍家と西村家の「大学時代のお金の負担」を比較した表を見てわかるように、大きな違いは、携帯電話・スマホ代と国民年金保険料の負担についてです。わが家はどうやら甘い親で、失敗してしまったようです。

西村先生は言います。

「今はスマホが主流だし、家族で契約すると安くなるなどもあって、本人に負担させにくいかもしれませんね。就活のときには必需品かもしれませんが、本来的には携帯電話やスマホの使用料は遊びのお金です。その分おこづかいから毎月天引きするといいのではないでしょうか?

携帯電話にはどれを使えば安くすませられるとかいうことがありますよね。わが家ではそれを子どもたちが判断してやっていたんです。うちの娘たちは学生時代のほとんどをＰＨＳを使っていました。いちばん安いので、ウィルコムのファミリー割引を使っていました。上の娘は完全にそれだったし、下の娘は大学3年生のときにスマホにかえたいというから、自分の責任でかえるならいいよ、ということで、自分で全部やっていました。卒業まではなるだけ費用を安くするために、電話はＰＨＳを使って、2台を使い分けしていましたね。そうやって工夫していいんじゃないかと」

子どもの老後の生活費を親が出すって？

国民年金保険料を親が出していたこと、これがどうやら最大の失敗のようです。

西村先生はお嬢さん２人とも猶予制度を利用して、就職と同時に本人が支払い始めたのだとか。２年分で約36万円でした。

その理由はこうです。

「国民年金保険って、受け取るのは本人ですよね。だから私は無意識に『これはあなたの年金だから』と猶予制度を利用させました。というのは、年金保険っていうのは先のお金なんですよね。退職後の生活保障。子どもの生活保障の原資を親が出すとはなんぞや？ということなんです」

うーむ。言われてみれば本当にそのとおりです。まわりの友人に支払っている人が多かったので、つい支払ってしまいましたが、後悔先に立たず。今モーレツに後悔している最中です。

運転免許取得代はできれば貸与がおすすめ

私は全額（27万円）、西村先生もかなりの金額（約19万円／約26万円）を負担してしまった運転免許の取得代。これは「子どもにかけるお金を考える会」の本である『子どもにかけるお金の本』をお手伝いしたときに、負担したことを痛切に後悔させられたものです。

畠中雅子先生をはじめとした「子どもにかけるお金を考える会」のファイナンシャルプランナーママのおすすめは、貸与。ファイナンシャルプランナーの山本節子先生は、大学生以降の免許取得や海外旅行などの子どもの大きな出費はママローンを無利子で貸し付けしたとか。1人ひとりの子どもの「貸付ノート」を作り、就職してからなど、あとできちんと返済してもらったそうです。しかし私が先生方に出会ったのがわずかに遅く、その直前の大学1年生の夏休みには、免許取得代を負担してしまっていました。

皆さんが失敗しないよう参考にしていただければと思うのですが、実は運転免許を特に取りたがっていなかった息子を説得して取らせたためにそうなってしまいました。わが家は車を日常的に使っていますが、ドライバーは私ひとり。夫は貧乏学生だったため、大学時代に免許を取れませんでした。そしてその後はハードワークライフのためいまだに免許なし。だから私としては、なんとしても1日も早くサブドライバーがほしかったのです。また、夫の二の舞いも心配でした。それで時間に余裕がある1年生の夏休みに取ってしまうよう説得したのです。おかげで、私がいなくても車を動かせるようになり、格段に便利になったのでよかったということで（負け惜しみです）。

息子のおこづかい事情

大学生になったとき、アルバイトをすることにしたので、「おこづかいプログラム」は気がつかないうちに終了してしまったような、続いているような、という状態になってしまいました。

理想は親のおこづかい支払い額0円でした。ところが息子は文系ですが、留年率が高い、勉強がハードな大学に進学しました。留学をしたいという夢もありました。私としても、サークル活動をはじめやりたいことをやって、充実した楽しい学生生活を送ってほしいとも思っていました。

そんなわけで、アルバイトではおこづかい全額をまかなえるほど稼げそうにありませんでした。事実、息子が稼げるバイト代はどんなに多くても7万円。勉強の忙しさによってはまったくバイトできない月もあります。4万〜5万円が平均月収のようです。

入学当初は、高校時代のおこづかい月額は2万円でしたから、事実上の減額をして、おこづかい1万円、お昼代1万円にして2万円のまま据え置きました。

ところが、最初はアルバイト代が研修時給で少なかったのもあったのか、気がつくとニキビがものすごく増えていたんです！　どうやら昼食代を節約してバランスよく食べていなかったようでした。そこでもう1万円アップして「ちゃんと野菜を食べなさい」と言い渡しました。その後ニキビは減ったので、たぶんちゃんと食べていたのでしょう。

勉強、アルバイト、サークル活動、友だちづきあい、たまのデートなどで学期中はいっぱいいっぱいのようでした。高校時代の友人とのつきあいも、本当はもっと参加したいようでしたが、学期中は控えめで、長い休みでないとなかなか参加できない様子でした。

飲み会は安くても3000円くらいはかかってしまいますから、友だちの家で飲んだり、公園で飲んだり、費用を安くする工夫をしていました。デート代も割り勘のようでしたが、それでも「デートするお金もない」と、ときどきぼやいていました。

ほかにサークル活動で使う場所代などに結構かかるようで、大きな行事の前は苦労したよう。洋服は、アルバイトするようになってから古着オンリーを卒業して、気に入ったものをたまに買っていました。もっともっと買いたいようではありましたが……。

ダブルスクールは短期の10回だけのもので、これは学資保険の貯金から出しました。

月7万円のおこづかいで、ムラがあるのでなんともいえませんが、見たところ多少の余裕があったのではないでしょうか？　しかし、大学生になったときに、収入の10％を貯金しておくよう教えたのですが、最初はちゃんとやっていたのに、いつの間にかやめてしまっていました。

当時、ちょっと浪費が目立っていたので話し合いをしました。「人は限られたお金でやりくりするものだよ」と。少し目が覚めたのか、再度貯金をすることに決めたようでしたが……。使えるお金が急に増えたときは危ないもの。うまくその金額とつきあっていけるように、再度調整が必要です。大学生時代はそういう勉強のときなのかな？と考えて見守っていました。

西村先生のアドバイス

奨学金がからむのでむずかしい大学時代のおこづかい

今、約半数の大学生が、奨学金を利用していますね。代表格は日本学生支援機構の奨学金。給付型も最近スタートしましたが、主流は貸与型、つまり借金です。

奨学金が学生ローンと違う点は利子の率の低さ。日本学生支援機構の場合は、無利子のもの（第1種）と、有利子のもの（第2種）があります。利率は返済開始年度で変動しますが、現在は1％以内で推移し、上限3％まで許されています。これが最大、学部生で毎月12万円まで、大学院生で15万円まで借りられるんです。

給付型は、入学前申請では、学業成績の評価（高校の評定平均値3・5以上）と所得制限があります。

1カ月10万円借りたとして（第2種）120万円×4年間で480万円、これに入学時の特別増額を50万円利用したとして総額は530万円。

仮に2％の利率で、20年返済とすると、返済額は約650万円、毎月の返済は約2万7000円です（保証人を立てず機関保証とした場合）。それが初任給からいろいろ引かれる中からさらに引かれる。そのうえ、国民年金保険料の猶予制度で猶予されていた支払いも就職と同時にきます。20才から支払う義務があるので、ストレートに大学に進学した人でも、最低2年分の支払いをしなくちゃならない。これが月1万6540円だから、2年分で約40万円になるわけです。これも払わなくちゃならない。奨学金の長期にわたる返済はばかになりませんね。

日本学生支援機構では、かつて20％という高い延滞率を下げようと、ビデオを作成して大学などに配布するなど対策を進めていました。「3カ月以上滞納すると、個人信用機関に登録されて、クレジットカードが発行されなくなったり、将来住宅ローンが簡単に借りられなくなったりしますよ」というような言い方までしていて、批判もありました。現在は年度により異なりますが、延滞率は5％程度といわれています。お笑い芸人のコントを入れた、奨学金がよくわかる動画をHPで公開しています。

そもそも、2006年に貸金業法が大幅に改正されて、貸し出し金額にも規制がかかりました。貸し出しの規制では収入の3分の1までしか貸してはいけないと。総量規制といわれているものですね。本来なら、1カ月10万円借りられる人は、30万円の収入がなくてはいけない。でも学生はほぼ収入ゼロですよね。借りられるのは、日本学生支援機構が貸金業者じゃないので、総量規制の枠の外だからなんです。でも、考えてみると、実際上は貸金業者と同じですよね。個人に信用貸ししているわけですから。そのことを忘れないでほしいんです。

大学生が奨学金を使う場合、高校を出るときに予約をし、大学生である4年の間は返済しませんから、借金であることがその間すっぽり意識から抜けてしまう。おこづかいをもらったのと同様に感じる。コンスタントに毎月入ってきますし、親元から離れて暮らしていれば、親からの仕送りといっしょになるわけなので。これがこわいんです。

返済のことを考慮して少なめに借りたり、控えめに使えばいいのでしょうが、大学生は子どもだから、あればあるだけ使ってしまう。調査があるわけではなく、長い間見てきた実感ですが、本当に「とっておく」という発想はまったくないんです。

だから、私としては大学生になったら、家計簿をスマホアプリなどで記録することをおすすめします。記録をするという意識になると、セーブするという行動にもつながりますから。

大学に入学して1カ月くらいは、いろいろ必要だから別枠として、2カ月目から3カ月目くらいの間で、自分にどれだけ収入があって、どれだけ支出するスタイルなのかを把握して、残りの3年8カ月か9カ月をコントロールしていく習慣をつけてほしいと思っています。

おまけ

おこづかいの総決算

——おこづかいをもらって育った子は

どんな大人になったか

やってよかった？「おこづかい」プログラム

今回改訂するにあたり、この「おこづかいプログラム」の総決算をしてみることにしました。藍はこの「おこづかいプログラム」で子どもを育ててはたしてよかったか否か。2つの視点から検証してみたいと思います。まずマネー教育の効果のほどはどうか。

話が前後しますが、経済感覚にも生まれつき優劣があるのではないか、とおこづかいについて取材したり書いたりするうちに思うようになりました。運動神経のよし悪しみたいに生まれつき経済感覚のよし悪しもあるのではないか（西村先生はこの説に反対ですが）、ということです。私の父は実は銀行員で、投資もしているような人でした。その才能は弟のほうにはいったようで、弟もマネーマネジメントをしっかりやっている印象ですが、私のほうはさっぱりです。マネー教育を意図的に受けなかった場合、才能の差が大きく出るのではないかと思うのです。もちろん環境要因も大きいとは思うのですが。

複数人のお子さんをお持ちのかたがこのおこづかいにチャレンジした体験談に多数接してきて、たとえば「同じきょうだいで、同じおこづかい制度をやっても、兄はパーッとあるだけ使ってしまうのに、妹は3分の1を貯め、3分の1を使い、残りを母の日のプレゼントにあてること

おまけ おこづかいの総決算——おこづかいをもらって育った子はどんな大人になったたか

ができる」など、同じきょうだいでもお金の使い方には大きな差があるという声をよく聞くのです。以前は単に個性の差だと考えていましたが、今は生まれつき能力の差があるのではないかと考えています。

私が今ここで〝経済感覚才能説〟を唱えたのには理由があります。というのは、ほかならぬわが子を振り返ってみると、どうやらお金の才能はあまり高いほうじゃないという感じがするからです。親である私たち夫婦に才能がないのと同じように、です。環境も、たとえば西村先生がお父さんであるのに比べるとかなり悪いのは否めませんし。

では、こんな長い時間をかけて「おこづかいプログラム」をやってきたのは無駄だったのか？そこのところを検証してみたいと思うのです。

この「おこづかいプログラム」を始めた息子が小学生だったとき、遠くに霞む大人になった息子に望んでいたことは、66ページであげた4つの自立をはたして自立した大人になっている、またはなることを理解し準備している、ことでした。①の経済的自立に関しては、この本の説明どおり、自分の食いぶちを自分で稼げるようになること、としかイメージを持っておらず、この本でもマネー教育のゴールを設定していませんでした。そこで西村先生にご相談して、おこづかいで達成できるゴールを作ってみました。

おこづかいで達成できるマネー教育のゴールチェックポイント

1　自分の食いぶちは自分で働いて得ることを理解している
2　自分の持っているお金以上に使ってはならないことを理解して実行できている
3　必要なお金、楽しみのためのお金、短い貯金、長い貯金の予算管理ができている
4　金銭トラブルに巻き込まれたことがない
5　人とお金の貸し借りはしない

一般的には、長くても大学卒業でおこづかいを卒業すること、子どものおこづかいであることを勘案するとこの辺のところかなと考えました。

息子の評価をすると、1◎　2○　3△　4◎　5△といったところでしょうか。

2が○なのは、息子にはあるだけ使ってしまう傾向があるからです。社会人になってからは天引きで貯めていますが、それまでは親から渡したお年玉などを貯めた貯金も含めて全部使ってしまって、貯金がないときもあったはずです。

3は大学時代に貯金をほとんどしていなかったからです。しかし、大学4年生の秋から翌年6月まで息子はパリに留学していたのですが、本人のたっての希望で、大学の寮に入るのではなく、街中のアパルトマンを借りて（エレベーターなしの7階の屋根裏部屋ですが）一人暮らしをしました。留学の主な費用はそのためにしてあった預金から出し、家賃から光熱費から生活費す

おまけ　おこづかいの総決算——おこづかいをもらって育った子はどんな大人になったか

べてを仕送りでまかなったのですが、そのとき家計簿アプリで毎月の収支を管理していたようです。親の私は今回本を改訂するために聞くまで知りませんでしたから、自分でちゃんとやれていたということでしょう。また、家賃にはフランス政府からの補助があり、それをちゃんと受け取る手続きはかの国のこととて大変だったのですが、辛抱強く補助金をもらっていました。

4は一度もありません。

5は就職前の2月から3月にかけて、「もう長い滞在はできなくなるから」とパリでもう一度暮らすために旅行したときの費用を父から23万8000円、母である私から22万円借りたからです。こちらはボーナスなどのたびに返済していて、夫へはあと2万8000円、私へはあと1万円で返済が終わる予定です。

というわけでおこづかいのゴール達成度は75点ぐらいということかなと思います。

時は流れ、息子は現在26歳。社会人2年生です。計算が合わないのは、留学で1年卒業が遅れたうえ、そのあと1年、就職せずにファッションスタイリストのアシスタントを無給でやっていた期間があり、さらに就職が決まってから就職するまでの待ち時間が1年近くあったからです。大学は現役で入っていますから、都合3年遅れで社会人になったというわけです。

今は月3万円+ボーナス時に15万円預金し、家には大学時代のおこづかいと同じ金額2万円を入れています。医療保険料も自分で払うようになり、それが約1万円なので、そのほかはカツカツで収支は毎月ちょっきりだそう。マネーコンシャスではない親に育てられ、本人のマネー神経

（？）もあまりよくなさそうなことを考えると、おこづかいをあげたマネー教育の成果はあったと考えられるのではないかと思いました。

家のシゴトで生活自立能力は養えたか？

そしてもう1つの視点は、家のシゴトをやってきた成果。

82ページでは、高校卒業時の18歳のときの彼の能力を評して「残念ながら、生活自立能力は8割ぐらいの仕上がりに」と書いています。しかし、これは彼の能力を見誤っていたようです。

留学して一人暮らしをさせたところ、それまでは親任せだった掃除に目覚め、家をきれいに整えて暮らし、料理も全部で6品しか作れませんが、それをローテーションさせてやり抜いたのです。勉強でも同じですが、苦もなくできるものがあると、その分の時間やエネルギーをちょっと苦手なものに注ぐ余裕ができるものです。家事能力がトータルで高い男子には育ったようです。

料理はあまり得意じゃないので、家事能力は90点だとするとおこづかいゴール達成度と平均すると82・5点！

藍家はこの「おこづかいプログラム」をやってよかったという結論になりました。

息子本人のコメントは

この原稿を書いている間に、ふと思いついて息子本人にもコメントを求めてみたところ、おもしろいほど評価と一致していました。

息子【社会人2年目　未婚／実家住まい】

「お金をもらうために、何かをしなければならないという基本的な労働の考え方が身についた。あとは、皿洗いや洗濯物をたたむことがまったく苦でなくなった。これは相当長い時間かけて身につけた感じがする。自分の財政の収支を見つめるくせがついた。でもマネーマネジメントはあまり得意じゃないと思う。なぜかというと、使いすぎるから。それは多趣味だからかな。マンガに音楽に服に服に服に、キャンプとか。お金のかかる趣味が多いし、興味もいろいろなところに向くから。大学時代は、何かを買っちゃったとか、ライブのチケットをよく考えずにとっちゃったとか。そういうときは母にお金を借りていた。高校生まではお金がなかったからちゃんとやれていたけど、大学生になって収入が増えて使いすぎるようになっちゃった。大学生のときに貯金をいつの間にかやめていた反省を踏まえて、使ってしまわないように天引き預金にしている」

ところで、藍家の話ばかりだと、マネーマネジメント的にはもの足りないかたもいらっしゃるでしょう。そこは才能もあり、環境もいい西村家の話で満足していただきたいと思います。これがやっぱりすごいんです。これを読むと才能の差は（もしかすると環境の差も）否めないなと思わざるを得ません。

西村家の総決算——お嬢さんたちの現在

長女［社会人12年目（共働き） 結婚7年／長男2才4カ月（保育園児）］

「おこづかい制だったので、小学生のころからほしいものをその場で買ってもらうことはなかったから、大人になっても、買いたいものがあるときに、本当に必要なものかよく考えて買うことが身についているように思う。お金はわいてくるものではなく、親が一生懸命働いて稼いだものであり、大切なものと学んでいたので、結婚して自分たちでやりくりしなければならなくなったとき、買い物をする際もいくつかの店で比べて、1円でも安いものを選んだり、ポイントを貯めたりするのが習慣になっている。おさいふに高額は入れないようにして、無駄遣いを防ぐようになった。コンビニでの買い物は基本的にしない。極力、買い物をする際は、キャッシュレスの支払いではなく、現金で支払うことによって、お金を自分で払っていること（お金の重み）を肌で感じるようにしている。家族や大家族で旅行することを楽しみにして、そのときは節約しつつ使う。外食はほとんどしない」

次女【社会人7年目（共働き） 結婚3年】

「給与天引き預金、確定拠出年金を少しだがやっている。お金の貸し借りはしない。むやみにカードを作らない。日用品や食料品は安い店で買う。商品は価格などを比較して買う。詰め替えのシャンプー・リンスなどは容量の多いものを買う。家族、大家族の旅行にだけお金を使う。メリハリのある使い方を心がけている。無駄遣いはしていないと思う。使えるものはいつまでも大事に使っている。家計簿アプリを使っている」

西村先生も「どちらも無駄遣いはしていないようです。お金の大切さは痛いほどわかっていて、しっかり管理していますね。ともに、私たち夫婦との年1回の沖縄旅行を楽しみにしています。もちろん独立したのちに、資金援助したことはありません」とのこと。

西村家の家のシゴトの成果は？

家のシゴトのほうはどうかというと、小さいころは靴をそろえるといったささやかなものでした。その後は食器洗いや洗濯物をたたむといったオーソドックスなことをやっていたそう。やはり下のお嬢さんが大学時代2年間一人暮らしをしたそうで、そのときに家事能力が生きたとのこと。とはいえお2人とも結婚されて家事をしているので、立派に生かされているようです。先生いわく「上の娘と下の娘は6才違うので、子ども時代はよく姉が妹のめんどうを見るというシゴトをしていて、妻は助かっていましたね」とのこと。これは、もしできれば、いいシゴトですね。

西村先生は私の〝経済感覚才能説〟には反対だと書きました。でも西村家の総決算を読むとやはり経済感覚には才能や環境が重要だと思ってしまう藍です。でも、先生が反対される理由を読むと、才能の有無にかかわらず、マネー教育は大切で、才能がなくても「おこづかいプログラム」をやることには大いに意味があることがわかるのです。先生のコメントを紹介しますね。

「マネー神経とか才能（才覚）の有無説には必ずしも賛同できません。教育はすべての人に開かれたものでなければならず、自分には才覚がないなどと言って、努力をせずにあきらめないで、親が子どもに『お金は働いて得る大切なもの』『将来のために必ず貯金はする』『人からお金は借りない』など最低限のマネー教育の基本をきちんと覚えさせたり、必要性やそのものの価値などを多面的に考えてお金を使うくせをつけさせたりすることです。お金とのつきあい方を学ぶことは、お金とじょうずにつきあって、より豊かな人生を送れるようにする、将来の社会にどのような変化があったとしても生きていくのに必要な、誰もが学ぶべき普遍的教育と私は考えています」

才能があってもなくてもマネー教育はやったほうがいいし、もう一歩進めて言えば、あまり才能も環境もよくない我が家のような家庭にこそ、「おこづかいプログラム」というマネー教育は必要だったということがわかりますね。ああ、よかった。

「おこづかいプログラム」、本当におすすめです。ぜひ今日からトライを！

おまけ　おこづかいの総決算——おこづかいをもらって育った子はどんな大人になったか

あとがき

横浜国立大学名誉教授
西村隆男

私は幼児教育の専門家ではありません。子どもたちに経済や社会のしくみをどう教えるか、将来に向かいよりよく生きるためには、小さいころからどんな知識やスキルを積み上げていくとよいのかについて、考えている1人の教員です。90年代の終わりに、アメリカではなぜビジネスや法律など実用的なことをハイスクールで教えているのか、一方、個人破産がアメリカではなぜ多いのかなどに興味をもち研究をしていました。そんなある日、シカゴの本屋で見つけたのが〝Allowance System〟という箱入りのセット本でした。まさに「おこづかいシステム」です。親子でおこづかい契約を結び、子どもが家の仕事を引き受け、おこづかいをもらう。きちんと書面を作り、互いに署名する。これはおもしろいものを見つけたと有頂天になるほどでした。雑誌の取材のご縁で、前著の『子どものおこづかい練習帳』が誕生しました。それから10年がたち、藍さんからおこづかい本を出版したいという連絡を受け、ずっとあたため、もち続けてきた気持ちに再び火がつき、二つ返事でＯＫしてしまいました。そして、今回、多くの読者の反響を得て、改訂版を出したいとのうれしいお話をいただいた次第です。

　自分の頭でしっかりと考えて、自分のことばかりでなく他人《ひと》のことにも思いを寄せて行動できる人間づくりを目指す。２０１２年に成立した消費者教育推進法には、そうした精神が込められています。消費者の主体的な社会参画によって、消費者市民社会を生きる人間を育てようという考え方です。自分がやるべきことを知り、相応の役割をはたすことに責任をもつ。一方、自由にものを考え、必要なものやほしいものを自分の判断で購入し、ときには人のため、社会のためにもお金を使ってみる。お金があれば、何でも手に入り、子どもたちにはとても魅力的な魔法のようなものに見えるでしょう。おもしろいもの、興味のあるものを思考のツールにして、人や社会との関わりを深めていくトレーニングがこの本の「おこづかいプログラム」です。親子で楽しみながらトライしてみてください。

２０１９年の秋、スウェーデンを訪れました。首都ストックホルムでは多くの店で「現金お断り！」でした。ＡＴＭも探してしまうほどです。市民はカード払いか、スウィッシュ（Swish）と呼ばれる電子マネーで支払いをします。現金が社会から消えかかっていました。中学校を訪問すると、20人ほどの子どもたちが集まってくれて、お店の支払いは何でするのと尋ねると、全員がいきなりポケットからiPhoneを出し、「これだよ」と。スウィッシュでの支払いはスマホ同士、お互いの携帯電話番号と金額を入力するだけで相互に送金できる仕組みです。手数料もゼロ。親からのおこづかいもこのスウィッシュとのこと。お金の感覚がマヒするのではと不安もありましたが、小学生の年代では、リアルマネーでスキルを磨いているようでした。

お金とのつきあい方を学ぶことは人生を学ぶことです（お金だけが人生ではないことは言うまでもありませんが）。お金を貯めてみる、使ってみる、それも自由に、自分の判断で。自分のために、他人のために、社会のために。そしておこづかいは、親子のコミュニケーションツールでもあります。おこづかいを受け取るときのお子さんの笑顔を楽しみに、試してみませんか。

最後に、子育て本が氾濫する中で、なおもかたくなにおこづかいの与え方にこだわる藍ひろ子さんに、心からの御礼とエールを送ります。また、おこづかいシステムでたくましく成長し、結婚後も大家族で年１回の大旅行を楽しみにしてくれる娘たちにも感謝したいと思います。

あとがき

教育ジャーナリスト
藍　ひろ子

「こんなにいいおこづかいのあげ方が消えてしまったら残念すぎる！」

これが、私が『子どもにおこづかいをあげよう！』を書こうと思った動機です。くわしくは本文を読んでいただきたいのですが、10年前に西村隆男先生に翻訳していただき出版した『子どものおこづかい練習帳』のおこづかいのあげ方が、その「こんなにいいおこづかいのあげ方」です。小学生だった自分の息子のおこづかいにもすぐ取り入れたのですが、気がつけば彼が大学生になるまでずーっと当たり前のように続けていました。10年間も続いたことからもわかっていただけるかと思うのですが、意外なほどスムーズに生活の一部になりました。その理由は、この「おこづかいプログラム」が子どもにとってとても大きな喜びであり、胸が高鳴るような体験だったからだと、この本を作りながら気がつきました。マンガの登場人物の金ちゃんの「すごいなあ、ぼく。シゴトをしておこづかいをもらうんだ。大人みたいだ」の気持ちです。このマンガを見て息子も「ぼくもそう思ったなあ」とシミジミ振り返っていましたから、確かだと思います。大人扱いされること、早く大人になりたいという気持ち、そんな成長への渇望というか、あこがれがこの「おこづかいプログラム」成功の原動力なんです。

早稲田大学人間科学学術院名誉教授の菅野純先生も、ご著書『わが子の「やる気スイッチ」はいつ入る？』の中で、やる気のもと＝心のエネルギー源になる「楽しさ」として、「子どもは『プラスの変身』つまり、『これまでできなかったことができるようになること』のようなまじめな楽しさを求めるものだ」、とおっしゃっています。さらに

「おこづかいプログラム」について「シゴトをしておこづかいをもらうことで、『ぼくもシゴトをしてお金がもらえるようになったんだ』と自分のプラスの変身を子どもが実感し、うれしい気持ちや誇らしい気持ち、楽しい気持ちになり、自分の内側から『これからももっとがんばろう』という心のエネルギーがわいてくるのです」とコメントをくださいました。

皆さんもぜひ、この「おこづかいプログラム」を試してみてください。子どもの、ちょっと自慢げにシゴトに取り組む姿や、おこづかいの使い道を真剣に考える様子、本当にかわいくて、いいものですよ。子どもが大人になるまで実践した先輩として自信をもっておすすめします！　親子のフェアなコミュニケーションのありようの参考にもなるし、お金の話を真剣にし、家の仕事をシェアする中で心が通じ合い、家族としての絆も強くなると思います。いいチームになれたな、と実感します。子どもは家事のスキルも身につくし、家の運営の実際も知ります。もちろんお金とのつきあい方もじょうずになる。

最後に、監修してくださった西村隆男先生に心から感謝申し上げます。お金と、お金の教育の専門家である先生のお力添えのおかげでより信頼できるものになりました。かわいいマンガで本をより魅力的にしてくださった春原弥生さんと、さまざまなサポートをしてくださった主婦の友社の三橋亜矢子さんにもお礼を申し上げたいと思います。本当にありがとうございました。

西村隆男　Takao Nishimura
横浜国立大学名誉教授。博士（経済学）。専門は消費者教育学、生活経済学。『子どもとマスターする46のお金の知識』（合同出版）、『日本の消費者教育』（有斐閣）、『経済的自由への道は、世界のお金の授業が教えてくれる』（クロスメディア・パブリッシング）、『社会人なら知っておきたい金融リテラシー』（祥伝社新書）などの著書がある。『子どものおこづかい練習帳』の訳者でもある。金融教育や多重債務問題にも詳しく、金融広報中央委員会（日銀内）の委員で同委員会の発行する学習教材の執筆者、金融経済教育推進会議委員、国民生活センター客員講師なども務める。すでに結婚された娘2人の父。

藍 ひろ子　Hiroko Ran
教育ジャーナリスト。
長年、出版社で雑誌および書籍の編集者として、育児・教育分野の仕事に携わったのち独立。著書に、『する？ しない？ 中学受験 迷ったときに』『誰も教えてくれなかった正しい子どもの育て方』（ともに主婦の友社）がある。また、『0歳からやっておきたい教育』（日本経済新聞出版社）のスーパーバイザーを務めた。26才の息子の母。

春原弥生　Yayoi Sunohara
イラストレーター。「かわいく、わかりやすく、庶民的」をモットーに雑誌や書籍、広告などで活躍中。学習参考書やビジネス書などさまざまなジャンルでマンガを手がけており、楽しくわかりやすい表現方法に定評がある。7才女の子、5才男の子の母。

最新版《さいしんばん》　子《こ》どもにおこづかいをあげよう！

令和2年10月10日　第1刷発行

著　者　藍《らん》 ひろ子《こ》
発行者　平野健一
発行所　株式会社 主婦の友社
〒141-0021　東京都品川区上大崎3-1-1目黒セントラルスクエア
☎ 03-5280-7537（編集）
☎ 03-5280-7551（販売）
印刷所　大日本印刷株式会社

 ISBN978-4-07-444814-2

■本書の内容に関するお問い合わせ、また、印刷・製本など製造上の不良がございましたら、主婦の友社（電話03-5280-7537）にご連絡ください。
■主婦の友社が発行する書籍・ムックのご注文は、お近くの書店か主婦の友社コールセンター（電話0120-916-892）まで。
＊お問い合わせ受付時間　月～金（祝日を除く）　9:30～17:30
主婦の友社ホームページ　https://shufunotomo.co.jp/